Das bietet Ihnen die CD-ROM

- Mit dem **mentalen Audio-Training** können Sie Ihre Durchsetzungskraft steigern. Es lässt sich ganz einfach vor jedem wichtigen Gespräch anwenden: Sie brauchen nur Ihren PC (mit Soundkarte und Lautsprecher), einen ruhigen Raum und zehn Minuten! Und dann lassen Sie sich von der Autorin einfach auf eine Phantasiereise in Ihre Zukunft mitnehmen ...
- Alternativ dazu oder zusätzlich können Sie sich mit den **Gesprächsleitfaden** systematisch auf Gespräche vorbereiten, in denen Sie sich durchsetzen wollen, und solche Gespräche gezielt nachbereiten, damit Sie beim nächsten Gespräch noch besser werden.

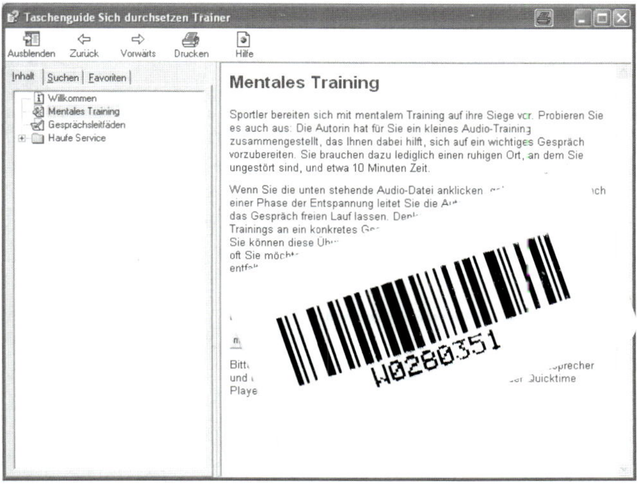

Bibliografische Information der Deutschen Bibliothek
Die Deutsche Bibliothek verzeichnet diese Publikation in der Deutschen Nationalbibliografie; detaillierte bibliografische Daten sind im Internet über http://dnb.ddb.de abrufbar.

ISBN 978-3-448-07202-0
Bestell-Nr. 00876-0001

Postanschrift: Postfach, 82142 Planegg
Hausanschrift: Fraunhoferstraße 5, 82152 Planegg
Fon (0 89) 8 95 17-0, Fax (0 89) 8 95 17-2 50
E-Mail: online@haufe.de
Internet: www.haufe.de, www.taschenguide.de
Lektorat: Dr. Ilonka Kunow
Redaktion: Jürgen Fischer
Redaktionsassistenz: Christine Rüber

Umschlaggestaltung: Simone Kienle, 70182 Stuttgart
Umschlagentwurf: Agentur Buttgereit & Heidenreich, 45721 Haltern am See
Desktop-Publishing: Agentur: Satz & Zeichen, Karin Lochmann, 83129 Höslwang
Druck: Freiburger Graphische Betriebe, 79108 Freiburg

Zur Herstellung der Bücher wird nur alterungsbeständiges Papier verwendet.

Sich durchsetzen Trainer

Carmen Kauffmann

Haufe

Inhalt

Das ist Ihr Nutzen

Kennen Sie das? Sie möchten Weihnachten in die Berge fahren, doch werden wieder dazu überredet, mit den Schwiegereltern zu feiern. Sie bringen bei einer Besprechung einen Vorschlag ein, doch ein Kollege macht ihn sofort madig. Sie wollen ein neues Berichtswesen einführen, doch Ihre Mitarbeiter stellen sich quer. Ob im Job oder Privatleben: Wenn wir uns zu selten durchsetzen, ist das sehr frustrierend. Dann fühlen wir uns fremdbestimmt – und anstatt Erfolge zu feiern, sehen wir uns meist als Verlierer das Feld räumen.

Doch das muss nicht sein. Denn sich durchzusetzen kann man trainieren. In diesem Buch lernen Sie anhand zahlreicher Übungen, wie Sie Ihren Standpunkt besser kennen lernen und ihn sicher vor anderen vertreten. Sie trainieren die kommunikativen Fähigkeiten, die Ihnen die Grundlage für eine fruchtbare Auseinandersetzung mit anderen ermöglichen. Sie lernen nützliche Verhaltensweisen, wie Sie mit Widerstand besser umgehen und sich auch in schwierigen Situationen behaupten können. Die Trainingseinheiten sind in vier Hauptkapiteln angeordnet und bauen aufeinander auf. Sie können das Buch aber ebenso gut quer lesen und die Übungen machen, die Sie spontan ansprechen. Alles, was Sie brauchen, sind Stift, Papier und etwas Kreativität.

Ich wünsche Ihnen viel Erfolg für all die Situationen, in denen es Ihnen wichtig ist, sich durchzusetzen!

Carmen Kauffmann

Machen Sie sich stark!

In diesem Kapitel lernen Sie,

- hemmende Denkmuster abzulegen,
- besser auf die eigenen Gefühle und Bedürfnisse zu achten
- und die der anderen besser einzuschätzen.

Darum geht es in der Praxis

Unser Verhalten richtet sich oft ganz unbewusst nach sog. inneren Glaubenssätzen – Denkmustern, die wir schon als Kind verinnerlicht haben. Sie stammen von Eltern, Lehrern oder gängigen Moralvorstellungen und sagen uns, was gut und richtig ist. Manchmal helfen uns diese Glaubenssätze – dann ist nach unserem Gefühl alles in Ordnung. Manchmal sabotiert aber unser Unbewusstes, was wir bewusst wollen. Und dann hemmen wir uns selbst, ohne es zu merken.

In diesem Kapitel lernen Sie anhand einfacher Übungen zu erkennen, welche Vorstellungen es Ihnen schwer machen, sich durchzusetzen. Danach können Sie üben, besonders destruktive Glaubenssätze durch solche zu ersetzen, die Sie stark machen. Dabei ist es immens wichtig, dass Sie Ihre eigenen Gefühle und Bedürfnisse wahrnehmen und ihnen folgen. Wer sich besser durchsetzen will, muss aber auch auf die Bedürfnisse der anderen achten. Wenn beispielsweise Ihr Verhandlungspartner blockiert, schauen Sie genauer hin: Verbirgt sich hinter der ablehnenden Haltung vielleicht nur ein starkes Sicherheitsbedürfnis?

Entdecken Sie versteckte Gefühle und Motive hinter den Standpunkten – und stärken Sie Ihre eigene Position, indem Sie den anderen besser einschätzen lernen. Mit dieser veränderten Perspektive werden Sie jede Verhandlung erfolgreicher bestreiten!

Unbewusste Hemmschuhe erkennen

Wie setzen Sie sich durch?

Übung 1
5 min

In dieser ersten Übung reflektieren Sie, welche Wege Sie einschlagen, um sich durchzusetzen, und welche Techniken Sie von anderen kennen. Nehmen Sie dazu Stift und Papier zur Hand und schreiben Sie – wie bei einem Brainstorming – alles auf, was Ihnen einfällt.

1 Denken Sie einmal zurück: In welchen Situationen haben Sie bekommen, was Sie wollten? Und wie haben Sie das gemacht? Liegt Ihrem Vorgehen vielleicht eine besondere Strategie zu Grunde? Oder wenden Sie je nach Situation unterschiedliche Mittel an? Lassen Sie hier nichts weg, auch wenn Ihnen Ihr Vorgehen im Nachhinein nicht besonders fair erscheint. Mit welcher Strategie fühlen Sie sich am wohlsten, womit weniger wohl?

2 Überlegen Sie nun, welche Strategien oder Techniken Sie von anderen kennen (Partner/in, Kollegen, Freunden, Vorgesetzten usw.).

Lösungstipp

Im Alltag wirken oft gerade die Mittel, die nicht eben diplomatisch oder die feine englische Art sind. Auch Weinen, Leiden oder Kommunikationsverweigerung kommen in Frage. Denken Sie einmal daran, wie Kinder oft ihren Willen durchzusetzen versuchen.

Lösung

In der ersten Aufgabe wird jede Lösung individuell ausfallen. Für die zweite Aufgabe hier eine Auswahl möglicher „Durchsetzungsmanöver“ unterschiedlicher Kategorien:

- Überrumpelungsstrategie: Einfach tun.
- Manipulation: z. B. dem anderem suggerieren, das Vorgehen sei in seinem Sinne: „Sie wollen doch sicher auch ...“
- Macht einsetzen, z. B. Anordnen, Durchdrücken, usw.
- Die Mehrheit (oder „Machthaber“) auf seine Seite ziehen.
- Emotionalen Druck ausüben: weinen, schreien, schimpfen, beleidigt sein u. a.
- Erpressung: „Wenn du mich wirklich lieben würdest ...“
- Persönliche Angriffe, z. B. „Das musst du gerade sagen.“
- Gegner durch Schmeicheln, Lob, Anerkennung gewinnen.
- Verhandeln mit Win-win-Strategie, z. B. ein Gegenangebot machen.

Praxistipp

Gerade die Alltagstechniken, die mit Druck funktionieren, wirken meist nur kurzfristig. Denn sie haben in der Regel negative Folgen auf der Beziehungsebene. Mittel- bis langfristige Folgekosten solcher Durchsetzungsstrategien sind z. B. Schwierigkeiten oder Widerstände bei der Durchführung, gereizte Stimmung bei den Beteiligten usw.

Glaubenssätze erkennen

Übung 2
2 min

Sich durchzusetzen beinhaltet auch ein Risiko: Andere Menschen könnten ärgerlich, neidisch oder eifersüchtig werden oder sich zurückziehen. Und das fürchten wir. Aber nicht nur dieses Risiko, sondern auch bestimmte Denkmuster hindern uns daran, uns für uns selbst, für unsere Bedürfnisse und Interessen einzusetzen. Solche Glaubenssätze haben wir ungeprüft in unserer Kindheit verinnerlicht – und befolgen sie unbewusst noch heute. Mit dieser Übung sollen Sie solchen Glaubenssätzen auf die Spur kommen.

Setzen Sie sich an einen ruhigen Ort und nehmen Sie Zettel und Stift zur Hand. Vervollständigen Sie folgende Sätze spontan und aus dem Bauch heraus (Sie können auch mehrere Fortsetzungen aufschreiben).

1. Wer sich durchsetzt ...
2. Sich durchzusetzen bedeutet ...
3. Wenn ich mich durchsetze, dann ...

Bewerten Sie nicht, was Ihnen in den Sinn kommt!

Lösungstipp

Wenn Ihnen die Übung schwer fällt, versuchen Sie ein inneres Bild für den Begriff „sich durchsetzen" zu finden. „Sitzt" da vielleicht jemand mit breitem Gesäß geduldig einen Stuhl „durch"? Oder schwebt Ihnen eher eine Person vor, die sich durch eine Menge boxt?

Lösung

Vielleicht sind Ihnen eher negative Ergänzungen eingefallen. Typisch negative Glaubenssätze sind zum Beispiel:

- Wer sich durchsetzt, ist rücksichtslos / machtgeil / hat's nötig / dem ist jedes Mittel recht ...
- Sich durchzusetzen bedeutet egoistisch / hart gegen andere zu sein ...
- Wenn ich mich durchsetze, gehe ich über Leichen / nehme ich keine Rücksicht auf ... / bekomme ich Ärger mit ...

Vielleicht sind Ihre Ergänzungen aber auch positiv (oder wertneutral) ausgefallen:

- Wer sich durchsetzt, hat Erfolg / sagt, wo's lang geht / gewinnt ...
- Sich durchzusetzen bedeutet die eigenen Interessen konsequent zu verfolgen.
- Wenn ich mich durchsetze, bin ich meinen Zielen einen Schritt näher gekommen.

Praxistipp

Erschrecken Sie nicht, was Ihnen da womöglich alles aus der Feder geflossen ist. Es geht nicht darum, dass Sie Ihre Glaubenssätze sofort über Bord werfen – die Idee der Übung ist die, negative Denkmuster erst einmal zu erkennen. Reflektieren Sie in Ruhe, ob, und wenn ja, welchen Sinn bestimmte Glaubenssätze haben.

Mit inneren Bildern spielen

Übung 3
5 min

Mit welcher Haltung, mit welchen Gefühlen gehen Sie in ein Gespräch, in dem Sie sich durchsetzen wollen? Dazu können Sie diese Übung machen.

1 Denken Sie an eine konkrete Situation (eine Besprechung o. Ä.), die Ihnen unmittelbar bevorsteht und in der Sie sich gerne durchsetzen möchten. Finden Sie nun ein passendes Bild für die Situation. Vervollständigen Sie dazu zum Beispiel den Satz: „Mit diesem Menschen zu verhandeln, ist wie ..." Achten Sie auf innere Bilder, Farben, Geräusche. Vielleicht fällt Ihnen auch eine bestimmte Musik dazu ein. Wofür stehen Bilder, Farben, Geräusche, Musik?

2 Überlegen Sie anschließend, ob es auch alternative Bilder zu Ihrer spontanen Assoziation geben könnte.

Lösungstipp

Zugang zu Ihrer Haltung und Ihren Gefühlen finden Sie zum Beispiel über sprachliche Metaphern: Wenn Sie davon sprechen, dass Ihr Gegner sein Pulver verschießen soll, damit Sie ihn anschließend „kriegen", dann wollen Sie sich offenbar auf einen (Macht-)Kampf einlassen. Oder haben Sie Angst, der andere will Sie „wie ein Spieler austricksen"? Oder fürchten Sie, dass Ihr Chef im Gehaltsgespräch einen „Eiertanz" aufführt und sich mal wieder nicht festlegen will?

Lösung

Es gibt hier keine richtige oder falsche Lösung. Aber es kann hilfreich sein, wenn Sie erkennen, mit welchen inneren Bildern Sie in bestimmte Gesprächssituationen gehen. Denn in ihnen spiegeln sich Ihre Erwartungen und Hoffnungen, aber auch Vorurteile wider. Wenn Sie bewusst Alternativen zu diesen Bildern schaffen, können Sie die Situation entsprechend beeinflussen. Bemerken Sie zum Beispiel, dass Sie sich eher in kämpferischen oder stark unterlegenen inneren Bildern bewegen, versuchen Sie Alternativen wie diese:

- Ihnen schwebt das Bild vor: „Der andere zieht mich über den Tisch." Setzen Sie sich versuchsweise nebeneinander (innerlich und in der Situation selbst). In dieser Position wird es dem anderen schwer fallen, Sie über den Tisch zu ziehen. Beobachten Sie die Auswirkungen auf den Gesprächsverlauf!
- Wenn Sie sich innerlich im Krieg befinden, stellen Sie sich vor, Sie würden einen Waffenstillstand vereinbaren.
- Wenn Sie dem Chef keine Gelegenheit geben wollen, einen Eiertanz aufzuführen, nageln Sie ihn natürlich nicht (bildlich) fest. Aber Sie können einen Rahmen abstecken, der Ihnen Halt gibt und innerhalb dessen Sie sicherer verhandeln können.

■ *Fiel Ihnen diese Übung schwer? Achten Sie öfter bewusst auf Ihre Wortwahl: Welche Worte, Bilder und Metaphern verwenden Sie ganz intuitiv, wenn Sie anderen von schwierigen Situationen erzählen?* ■

Gefühle und Körperwahrnehmung nutzen

Druck erzeugt ...?

Übung 4
5 min

Für diese Übung brauchen Sie einen Partner.

1 Stellen Sie sich frontal gegenüber auf, so dass Sie sich in die Augen schauen. Bitten Sie Ihren Partner, seine Hand seitlich in Brusthöhe hochzuhalten, so dass die Handfläche in Ihre Richtung zeigt. Sie drücken jetzt langsam entweder mit der flachen Hand oder mit Ihrer Faust gegen seine Handfläche und beobachten, was passiert.

2 Nun tauschen Sie die Rollen. Ihr Partner drückt gegen Ihre Hand. Wie reagieren Sie auf seinen Druck?

3 Im dritten Schritt machen Sie die Übung noch einmal. Versuchen Sie aber nun beide, nur über die Körpersprache eine Alternative zu finden, die nicht auf einen Kraftakt hinausläuft. Erlaubt ist, was funktioniert und keinen von beiden verletzt. Dabei darf durchaus auch gelacht werden.

Lösung

Die spontane Reaktion in den meisten Fällen: Auf Druck reagieren wir reflexartig mit Gegendruck. Solche Verhaltensmuster erzeugen im besten Fall eine Pattsituation, im schlechtesten Fall führen sie zu einer totalen Eskalation. Hier einige mögliche Alternativen:

- Ausweichen, so dass Sie sich gar nicht berühren.
- Nachgeben
- Den Druck aufnehmen und im Kontakt seitlich ausweichen – das sieht so aus, als ob zwei Leute spiegelverkehrt ein Fenster putzen.
- Wechselspiel von Nachgeben und Druck aufbauen.

Praxistipp

Nehmen Sie Ihre körpersprachliche Alternative als Anker mit in die nächste Situation, in der Sie Druck ausgesetzt sind und im Normalfall auch mit Gegendruck reagieren würden. Vielleicht denken Sie sich als Gedächtnisstütze eine bestimmte Geste oder Körperhaltung aus. Beobachten Sie, wie sich Ihr verändertes Verhalten auf den Gesprächsverlauf auswirkt.

Diese Übung soll zeigen, dass wir im Gespräch oft verbal die gleichen Mechanismen und Reflexe aktivieren wie auf der Ebene der Körpersprache. In diesem Sinn kann eine körpersprachliche Assoziation helfen, Situationen, in denen wir dagegenhalten, künftig schneller zu erkennen. So können wir den Mechanismus, auf Druck mit Gegendruck zu reagieren, unterbrechen.

Wie fühlen Sie sich?

Übung 5
5 min

Ähnlich wie die inneren Bilder (S. 14) gibt uns auch unser Körper wertvolle Informationen über unser Befinden.

Für diese Übung brauchen Sie drei Stühle. Sorgen Sie dafür, dass Sie nicht gestört werden. Geben Sie jedem Stuhl eine Funktion: Der eine ist neutral, der zweite steht für eine unangenehme, der dritte für eine angenehme Gesprächssituation. (Eventuell markieren Sie die Funktionen mit kleinen Schildern.) Setzten Sie sich zuerst auf den neutralen Stuhl. Beobachten Sie Ihren Atem: Wie fühlt er sich an der Nasenspitze an, wo fühlen Sie ihn strömen, wo dehnt sich Ihr Körper aus? Wo spüren Sie den Kontakt des Rückens, Gesäßes, der Arme, Hände und Füße zum Stuhl oder zum Boden? Wie fühlen sich Schultern, Nacken, Kopfhaut an? Spüren Sie irgendwo ein Kribbeln, Zittern, eine Verspannung? Nehmen Sie einfach Ihren Körper wahr, ohne zu bewerten.

Setzen Sie sich jetzt auf den zweiten Stuhl, und erinnern Sie eine unangenehme Gesprächssituation. Beobachten Sie wieder Atmung, Körperempfinden, Wärme, Kälte usw. Dann setzten Sie sich auf den Stuhl „angenehme Gespräche", ebenfalls in einer für Sie typischen Haltung, und spüren Ihren Empfindungen nach. Zum Schluss setzen Sie sich noch einmal auf den neutralen Stuhl. Welche Unterschiede bemerken Sie?

Lösung

Je besser Sie sich in die entsprechenden Situationen hineinversetzt haben, umso deutlichere Unterschiede im Befinden dürften Sie auch gespürt haben. Auch Ihre Körperhaltung dürfte sich wesentlich verändert haben. Vielleicht haben Sie sich bei der unangenehmen Situation bereits automatisch anders hingesetzt als bei der angenehmen – z. B. mit hochgezogenen Schultern. Oder Sie haben sich kleiner gemacht, als Sie sind, usw.

Praxistipp

Wenn Sie das nächste Mal in eine unangenehme Gesprächssituation kommen, versuchen Sie, eine Körperhaltung wie beim „angenehmen Gespräch" einzunehmen. Beobachten Sie, was passiert. Man nennt diese Strategie auch „So tun als ob": Tun Sie so, als ob Sie sich wohl fühlen und selbstsicher und voller Zutrauen in diese Gesprächssituation gehen würden. Erfahrungsgemäß dürften Sie es kaum schaffen, in einer entspannten Haltung verkrampfte Gespräche zu führen.

▪ *Achten Sie bei jedem Gespräch auf Ihre körperlichen Gefühle, auf die Atmung, Ihr Wärme-/Kälteempfinden usw. Verändern Sie bewusst Ihre Haltung, um das Gespräch zum Beispiel auch innerlich mit einer konstruktiveren Einstellung weiterzuführen* ▪

Bedürfnisse erkennen

Eigene Bedürfnisse erkennen

Übung 6
3 min

Um sich klar zu werden, was Sie erreichen wollen und warum, ist es hilfreich, Ihre Bedürfnisse zu erforschen.

Denken Sie an die nächste anstehende Gesprächssituation. Was glauben Sie, welches Bedürfnis haben Sie speziell in dieser Situation? Vielleicht haben Sie sich dafür schon ein Ziel formuliert. Versuchen Sie jetzt einmal, das (Grund-) Bedürfnis hinter diesem Ziel zu identifizieren. Zum Beispiel: „Ich will ein klärendes Gespräch mit dem Projektleiter. Warum? Ich fühle mich durch ihn verunsichert. Also habe ich wohl das Bedürfnis nach mehr Sicherheit in meiner Arbeit."

Lösungstipps

- Maslow hat die Grundbedürfnisse des Menschen in 5 Kategorien eingeteilt: physiologische Grundbedürfnisse wie Schlafen oder Essen; Sicherheitsbedürfnisse wie finanzielle Sicherheit; das Bedürfnis, dazuzugehören (zur Familie, zur Firma ...); Prestigebedürfnisse wie Macht, Anerkennung; das Bedürfnis nach Selbstverwirklichung.
- Da wir es nicht gewöhnt sind, in Bedürfnissen zu denken, bemerken wir oft nur die unangenehmen Gefühle wie Angst, Ärger, Ungeduld, usw. Die Bedürfnisse, die dahinter stecken, lassen sich meist positiv formulieren („Angst" → „Sicherheit").

Lösung

Da es hier nur individuelle Antworten gibt, gebe ich Ihnen noch weitere Beispiele:

Hinter einem Gefühl von Wut und Ärger steckt womöglich die Befürchtung, dass Sie nicht mehr frei entscheiden können, also das Bedürfnis nach Selbstbestimmung. Wird mein Bedürfnis nach Sicherheit nicht erfüllt, entsteht Angst. Und wenn mein Bedürfnis nach Kontakt nicht erfüllt wird, entsteht Traurigkeit.

Na, ist Ihnen aufgefallen, welches Hauptbedürfnis für Ihr nächstes Gespräch nach Erfüllung ruft?

Praxistipps

- Wenn Sie im Alltag ein unangenehmes Gefühl überfällt, versuchen Sie konsequent, das dahinter stehende Bedürfnis zu identifizieren.
- Überlegen Sie dann, wie Sie das Bedürfnis, zum Beispiel nach Sicherheit, befriedigen können, indem Sie sich gut vorbereiten, Vorabsprachen treffen, recherchieren ...
- Manchmal ist es sinnvoll, diese Bedürfnisse klar zu artikulieren, manchmal genügt es auch, sich ihrer bewusst zu werden und sie in seine Vorbereitungen einzubeziehen.

Die Bedürfnisse anderer erkennen

Übung 7

5 min

Wenn Sie trainiert haben, hinter den eigenen Gefühlen Bedürfnisse zu identifizieren, ist der nächste Schritt, die Bedürfnisse zu erkennen, die das Verhalten Ihrer Mitmenschen motivieren – vor allem dann, wenn Sie sich bei dem anderen nicht auf die sanfte Art durchsetzen können. Besonders schwer fällt uns dies erfahrungsgemäß bei bestimmten Verhaltensmustern, die wir gern in Schubladen wie Geltungsdrang, Schwätzerei, Killerphrase oder ähnliche, abwertende Kategorien packen.

Finden Sie die Bedürfnisse heraus, die möglicherweise hinter folgenden Äußerungen stehen:

1 Sie stellen gerade einen neuen Vorschlag vor, wie man in einem Projekt künftig immer wiederkehrende Fehler vermeiden könnte. Ein Kollege wirft daraufhin ein: „Aber Frau Kollegin/Herr Kollege, das kann doch so gar nicht funktionieren!"

2 In einer Projektbesprechung machen Sie einen Vorschlag, wie die Effizienz des Projekts gesteigert werden könnte. Daraufhin sagt eine Kollegin: „Also da war ja mein Vorschlag in der letzten Sitzung wohl wesentlich stimmiger!"

3 Ein Kollege reitet in einer Besprechung immer wieder auf dem gleichen Punkt herum, obwohl Sie der Meinung sind, der wäre schon längst abgehakt.

(Lösungstipp siehe nächste Seite.)

Lösungstipp

Bedürfnisse sind immer neutral. Aussagen wie „Der will sich halt wichtig machen" zielen also nicht auf Bedürfnisse, sondern auf Bewertungen ab. Versuchen Sie sich vorzustellen, der unangenehme Gesprächspartner sei ein guter Freund von Ihnen. Vielleicht fällt es Ihnen dann leichter, das Bedürfnis neutral oder sogar positiv darzustellen. Also: Bedürfnisse erkennen statt Verhalten bewerten. Ein bisschen Mut zum Psychologisieren gehört zu dieser Übung allerdings schon.

Lösung

Mögliche Interpretationen wären:

1 Implizit teilt der Kollege mit, dass er noch nicht überzeugt ist. Vielleicht braucht er noch mehr Informationen, um sicher zu sein, dass diese Lösung auch funktioniert. Es meldet sich also sein Sicherheitsbedürfnis.

2 Die Kollegin hat vermutlich in einer früheren Sitzung einen Vorschlag gemacht, der nach ihrem Empfinden zu wenig Würdigung erfahren hat. Deswegen spricht sie ihn noch einmal an. Sie braucht also mehr Anerkennung.

3 Im Eifer des Gefechts werden Gegner manchmal eher überstimmt als überzeugt. Die Folge: Sie melden sich immer wieder mit Einwänden. Wahrscheinlich fehlen dem Kollegen hier Argumente, die ihm das sichere Gefühl geben, dass die angestrebte Lösung auch gut ist. Es geht also vermutlich noch einmal um das Sicherheitsbedürfnis.

Der Ton macht die Musik

In diesem Kapitel üben Sie

- Fragen gezielt einzusetzen,
- Brücken zu Ihrem Gegenüber zu bauen,
- Ihre Worte bewusst zu wählen,
- besser zu verhandeln
- und geschickt zu moderieren.

Darum geht es in der Praxis

Viele Gespräche, Verhandlungen oder Besprechungen scheitern daran, dass die Beteiligten sich gegenseitig nicht zuhören. Um sich effektiv durchzusetzen, ist es aber zwingend notwendig, den anderen zu verstehen und ihm das auch zu signalisieren. Erst wenn bei ihm landet, dass Sie auch seine Interessen in Ihrer Lösung berücksichtigen, wird er bereit sein, sich überzeugen zu lassen. Ansonsten landen Ihre guten Argumente, Beispiele und Ideen im Graben.

Auf die Art der Kommunikation kommt es also wesentlich an. Doch vielen Menschen ist oft gar nicht bewusst, wie sehr sie schon mit ihrer Sprache Kampf und Eskalation heraufbeschwören. Das ist oft nicht nur unnötig, sondern auch schädlich für die Zusammenarbeit. Selbst wenn man sich in einer starken Position befindet und aufgrund seiner Macht oder Autorität bestimmen kann, wo's langgeht, tut man gut daran, sein Gegenüber nicht zu überrollen. Das heißt: Nur, wenn Sie Ihre Verhandlungspartner, Kollegen oder Mitarbeiter als Menschen mit Gefühlen und Bedürfnissen erkennen und Ihnen vermitteln, dass Sie sie ernst nehmen, sichern Sie sich ihre langfristige Kooperationsbereitschaft.

In diesem Kapitel lernen Sie daher, sensibel mit Ihren Worten umzugehen – und durch Zuhören, Fragen, Paraphrasieren und das Ansprechen von Gefühlen und Bedürfnissen Brücken zu Ihren Gesprächspartnern zu bauen.

Mit Fragen das Gespräch führen

Geschlossene Fragen einsetzen — Übung 8

5 min

Fragen helfen Ihnen, die Interessen und Motive anderer Menschen besser zu erkennen – und das ist wichtig, um sie mit ins Boot zu holen. Doch Frage ist nicht gleich Frage: Je nach Wirkung unterscheidet man zwischen offenen und geschlossenen Fragen. Geschlossene sind solche, auf die der andere von der Form her (zunächst) mit Ja oder Nein antworten muss. Beispiel: „Sind Sie Controller?" „Nein. (Ich bin Buchhalter.)"

Für diese Übung brauchen Sie einen Partner oder eine Partnerin. Setzen Sie sich entspannt gegenüber und einigen Sie sich auf ein Thema, zum Beispiel die aktuelle Arbeitssituation, den letzten Urlaub oder die Familie. Befragen Sie den anderen ausschließlich mit geschlossenen Fragen. Versuchen Sie außerdem, möglichst viele Fragen zu stellen.

Beobachten Sie, wie sich die Gesprächsatmosphäre entwickelt, wie sich Ihr Gegenüber verhält und achten Sie auf Ihre eigenen Gedanken und Gefühle. Wenn Sie wollen, können Sie dann die Rollen tauschen.

Lösungstipp

Geschlossene Fragen beginnen zum Beispiel mit „Sind Sie ...?", „Können Sie ...?", „Haben Sie ...?".

Lösung

Abgesehen von Menschen, die generell Spaß am Erzählen haben, werden Sie in den meisten Fällen bemerken, dass das Gespräch immer stockender und karger, Ihr Gegenüber immer zurückhaltender, vielleicht sogar skeptisch oder ärgerlich wird. Geschlossene Fragen nämlich wirken – geballt eingesetzt – auf den Befragten wie ein Verhör. Er hat das Gefühl, in die Enge getrieben zu werden, keine Wahl mehr zu haben oder manipuliert zu werden. Ein echter Dialog mit gleichberechtigten Partnern kann sich so nicht entwickeln.

Praxistipps

Geschlossene Fragen haben trotzdem eine sinnvolle Funktion. Setzen Sie sie bewusst ein

- am Ende eines Gesprächs,
- um sehr ausschweifende Gesprächspartner auf den Punkt zu bringen,
- als Hilfestellung bei unentschiedenen Gesprächspartnern.

▪ *Die Suggestivfrage ist eine besonders kritische Form der geschlossenen Frage. Zum Beispiel steckt hinter „Sie möchten doch sicher auch ...?" eher die Absicht, seinem Gegenüber die eigene Meinung aufzudrängen als dessen Sicht der Dinge zu erkunden. Merkt der andere dies, reagiert er in der Regel mit heftigem Widerstand. Also: Finger weg von Suggestivfragen.* ▪

Offene Fragen einsetzen

Übung 9
5 min

Das Gegenstück zu den geschlossenen sind die offenen Fragen. Fragen also, auf die der andere eingeladen ist, mehr als nur Ja oder Nein zu sagen. Offene Fragen werden oft auch als W-Fragen bezeichnet, weil sie mit einem Fragepronomen (*wer*, *wo*, *wann*, *warum*, usw.) beginnen.

Wiederholen Sie die vorhergehende Übung mit Partner nun mit ausschließlich offenen Fragen. Einigen Sie sich vorher wieder auf ein Thema. Ihr Gegenüber hat die Aufgabe, auf jede offene Frage mit einem Satz zu antworten. Schleicht sich doch gelegentlich eine geschlossene Frage ein, antwortet er schnell „Ja-nein".

Beobachten Sie den Unterschied, was Ihre Gedanken und Gefühle, die Gesprächsatmosphäre und die Haltung Ihres Gegenübers betrifft.

Lösungstipp

Mit offenen Fragen ein Gespräch zu führen, fällt nicht jedem leicht. Weist Ihr Gegenüber Sie wiederholt auf eine geschlossene Frage hin, formulieren Sie diese um. Stellen Sie dazu ein W-Fragewort an den Anfang. Das ist nicht immer einfach, manchmal müssen Sie Ihren Gedanken etwas erweitern, zum Beispiel: Anstatt „Haben Sie ein eigenes Büro?" sagen Sie: „Wie sieht Ihre Arbeitsumgebung aus?" Anstatt „Hast du schon Urlaub gehabt?" fragen Sie: „Was machst du im Urlaub?"

Lösung

Folgende Frageworte haben Sie vermutlich verwendet:

- Wer? Wie? Was?
- Wo? Wohin? Wofür?
- Wann? Wobei? Worüber? Womit?
- Welche? Welcher? Welches?
- Wieso? Weshalb? Warum?

Oder Sie haben konkretisierende Fragen eingesetzt:

- Wer/Was genau?
- Wie genau? ...

Praxistipp

Ich warne vor einer inflationären Verwendung der Fragen „Wieso? Weshalb? Warum?" Denn sie bringen Ihr Gegenüber in Rechtfertigungszwang, was leicht in einen Gegenangriff münden kann. Außerdem richten Sie dadurch die Aufmerksamkeit tendenziell in die Vergangenheit. Und dort findet man Probleme, Ursachen, Schuldige, nicht aber die Lösung eines Problems. Ersetzen Sie versuchsweise „Wieso? Weshalb? Warum?" durch „Wofür? Inwiefern?" und achten Sie darauf, ob Ihr Gegenüber jetzt anders reagiert.

▪ *Wer viel über die Gedankenwelt seines Gegenübers weiß, setzt sich leichter durch. Und Ihr Wissen erweitern Sie durch Fragen. Das wusste schon Sokrates!* ▪

Mit Fragen zur Lösung führen Übung 10

3 min

Menschen haben, bildlich gesprochen, zwei Denkräume: einen Problemdenkraum, der verstaubt und dunkel ist und zugestellt mit Kisten voller Schwierigkeiten, und einen Lösungsdenkraum, der hell und offen, lichtdurchflutet und voller Möglichkeiten ist. Mit jeder Frage, die Sie stellen, führen Sie Ihr Gegenüber entweder in den einen oder in den anderen Raum.

Formulieren Sie folgende Fragen um, so dass Sie Ihr Gegenüber in den Lösungsraum führen:

1. Wieso hat sich noch keiner darum gekümmert?
2. Was ist denn da beim Kunden schon wieder schief gelaufen?
3. Wer hat diesen Fehler zu vertreten?
4. Wie konnte das nur passieren?
5. Warum haben wir das Budget überzogen?
6. Was passt Ihnen an dieser Lösung nicht?

Lösungstipp

Sie sehen: Nicht nur mit „Wieso? Weshalb? Warum?" führen Sie Ihr Gegenüber in den Problemraum. Auch auf Richtung und Zeit der Frage kommt es an. Denken Sie daran: Die Lösung liegt in der Zukunft, also stellen Sie zukunftsorientierte Fragen!

Lösung

1 Wer kümmert sich in Zukunft darum?

2 Wie können wir den Kunden schnellstmöglich besänftigen?

3 Wie können wir diesen Fehler korrigieren?

4 Welche Alternativen haben wir jetzt?

5 Wie kriegen wir die Kosten in den Griff?

6 Wie müssten wir die Lösung ändern, damit Sie zufrieden sind?

Praxistipp

Wundern Sie sich auch manchmal darüber, dass Besprechungen so uneffektiv ablaufen? Meist liegt das daran, dass nach Problemen, Ursachen und Schuldigen anstatt nach Möglichkeiten, Lösungen und Perspektiven gesucht wird. Achten Sie einmal in Meetings darauf, in welchen Denkräumen sich die Teilnehmer gerade befinden, wenn es kontrovers wird. Mit einer lösungsorientierten Frage können Sie verfahrene Gespräche nicht nur in eine konstruktivere Richtung lenken, sondern sich mit Ihrer eigenen Lösung auch gekonnt in Szene setzen!

■ *Manchmal hilft es, die „Wunderfrage" zu stellen: „Stellen Sie sich vor, es geschieht über Nacht ein Wunder, Sie wissen gar nicht wie, aber plötzlich haben Sie eine gute Lösung. Was hat sich geändert? Woran würden Sie die gute Lösung erkennen? Welche Schritte können dorthin führen?"* ■

Bauen Sie Brücken!

Paraphrasieren

Übung 11
2 min

Wenn Sie Ihrem Gegenüber Verständnis signalisieren, gewinnen Sie am ehesten seine Bereitschaft, Ihnen zuzuhören. Eine bewährte Technik dafür ist das Paraphrasieren: Sie wiederholen in Ihren eigenen Worten, was Sie von dem, was der andere gesagt hat, verstanden haben.

Stellen Sie sich vor, Sie werden mit folgenden Äußerungen konfrontiert. Paraphrasieren Sie jede schriftlich oder mündlich, wobei Sie eine Wendung wie „Ich verstehe ..." oder „Ich sehe ..." vorschieben können. Beispiel: „Diese Gehaltsforderung kann ich nicht akzeptieren." Paraphrasierende Antwort: „Ich verstehe, Sie können nicht so viel Gehalt zahlen."

1 „Das sollten Sie schleunigst regulieren."

2 „Ein neues Netzwerk ist doch viel zu teuer!"

3 „Mit diesem ganzen technischen Kram kann ich mich nicht auch noch auseinandersetzen!"

Lösungstipp

Diese Technik ist nicht banal, sondern hat durchaus ihre Tücken. Achten Sie darauf, dass Sie das Gesagte nicht schon zu stark interpretieren. Leichter wird's, wenn Sie ohne Anspruch auf Originalität oder intellektuellen Wert in eigenen Worten wiedergeben, was der andere wörtlich gesagt hat.

Lösung

1 Ich sehe schon, ich muss mich sofort um eine Lösung kümmern.

2 Ich verstehe, Sie können nicht so viel ausgeben für das Netzwerk.

3 Sie wollen mit den technischen Details nicht belastet werden.

Praxistipps

- Vielleicht haben Sie die Befürchtung, mit dieser Technik könnten Sie wie ein Papagei wirken oder bei Ihrem Gegenüber den Eindruck erwecken, Sie wollten ihn auf den Arm nehmen. Das ist nachvollziehbar. Denn wir sind es nicht gewöhnt, auf so sanfte Art und Weise miteinander umzugehen. Damit Ihr Gesprächspartner Sie ernst nimmt, sollten Sie eigene Worte finden, die man Ihnen abnimmt. Dann wirken Sie auch authentisch.
- Starten Sie die ersten Versuchsballons eher im privaten Umfeld. Fragen Sie Ihren Gesprächspartner, wie er diese Form der Gesprächsführung empfindet. Sie dürfen gespannt sein!
- Killerphrasen können Sie mit einer (dramatisierenden) Paraphrase wunderbar entlarven: Aus „Das bringt doch nichts!" wird dann: „Sie meinen, was wir hier tun, ist durch und durch sinnlos?" Nun muss Ihr Gegenüber seinen Pauschalangriff zurücknehmen oder mit einem echten Argument kontern.

Holen Sie sich das Ja Ihres Gesprächspartners ab!

Übung 12
5 min

Diese Gesprächsführungstechnik ist der in der vorhergehenden Übung sehr ähnlich. Jetzt legen Sie jedoch vor allem Wert darauf, Ihr Gegenüber zu einem spontanen „Ja" oder „Ja genau" zu veranlassen, indem Sie fragend zusammenfassen, was bei Ihnen gelandet ist. Paraphrasieren Sie nach folgendem Muster: „Das kann doch so gar nicht klappen!" – „Aha, Sie zweifeln also, dass die Sache überhaupt umsetzbar ist?" – „Ja, genau!"

1 Diesem Kunden kann man auch nichts recht machen!
2 Ich glaube nicht, dass der Chef damit einverstanden ist.
3 Was Sie mit diesem weltfremden Vorschlag bezwecken wollen, ist mir schleierhaft.
4 Wenn ich das Ergebnis nicht bis morgen habe, ist hier aber wirklich die Kuh auf dem Eis!
5 In Ihrem Team fehlt der Zug. Da ist doch jedem das Hemd näher als die Hose!

Lösungstipp

Hilfreich ist es, wenn Sie Ihre fragende Zusammenfassung zum Beispiel mit folgenden Worten einleiten:

- Wenn ich Sie richtig verstehe ...?
- Sie finden/zweifeln/wollen also ...?
- Heißt das ...?

Lösung

1 „Heißt das, Sie konnten ihn bislang nie zufrieden stellen?"

2 „Hm, Sie zweifeln also daran, dass der Chef bei diesem Vorgehen mitspielt?"

3 „Ihnen ist also noch nicht ausreichend klar geworden, worauf ich hinaus will?"

4 „Heißt das, Sie brauchen das Ergebnis definitiv morgen, sonst gibt es Schwierigkeiten?"

5 „Sie finden also, dass wir zu wenig engagiert sind und uns der Teamgeist fehlt?"

Praxistipps

- In der Praxis vergessen wir oft, dass unser Gegenüber etwas Zeit braucht, um zu realisieren, dass wir ihm gerade eine Brücke bauen. Warten Sie daher unbedingt ab, bis der andere zugestimmt hat. Dabei sollten Sie ihn körpersprachlich nicht bedrängen, sondern eine eher passive Haltung einnehmen, mit gleichzeitig aufmerksamem Blickkontakt. Warten Sie hingegen keine Zustimmung ab, entsteht der Eindruck, Sie wollten Ihr Gegenüber überrumpeln oder manipulieren.
- Wenn Ihr Gesprächspartner zu einer weiteren Erklärung ausholt, hat er Ihre Brücke offenbar noch nicht angenommen: Hören Sie, wenn es die Situation erfordert, ruhig noch einmal zu und paraphrasieren Sie erneut.

Gefühle ansprechen

Übung 13
5 min

Eine spezielle Form, dem anderen Verständnis zu signalisieren, ist das Ansprechen (mehr oder weniger) unterschwelliger Gefühle. Dabei thematisieren Sie nicht, was wörtlich gesagt wurde, sondern greifen auf, welche Emotion Sie aus dem Gesagten herausgehört haben. Beispiel: „Dieses bekloppte Projekt geht seit Wochen nicht voran!" – „Das scheint Sie mächtig zu ärgern." Spiegeln Sie Ihrem Gegenüber den Gefühlsanteil in folgenden Aussagen.

1 Der Chef macht mich mit seinem Hin und Her noch ganz kirre!

2 Warum jetzt schon ein Projektplan? Wir wissen doch noch gar nicht, was unser Kunde genau will.

3 Was wäre ich froh, wenn diese unglückselige Projektpräsentation schon rum wäre!

4 Die da oben kommen immer mit irgendwelchen abgefahrenen Ideen, und wir können dann schauen, wie wir sie umsetzen!

5 Ich reiß mir für die kein Bein mehr aus, die lehnen eh jeden Vorschlag mit der Begründung „zu teuer" ab.

Lösungstipp

Es geht nicht darum, dass Sie hier das „echte" Gefühl Ihres Gegenübers herausfinden oder ihm gar sagen, Sie wüssten, was genau er fühlt. Sie zeigen eigentlich nur, dass Sie *versuchen* ihn zu verstehen – auf allen Ebenen.

Lösung

Weil wir nie wissen, wie der andere sich fühlt, können Sie in dieser Übung nur Vermutungen anstellen. Deswegen sind Ihre Vermutungen genau so richtig wie meine. Betrachten Sie meine Lösungsangebote deswegen eher als Vorschläge denn als Musterlösung.

1. Hm, es macht dich wohl ziemlich nervös, dass du nie weißt, woran du bist.
2. Sie haben die Befürchtung, dass Sie der Projektplan zu sehr einengt?
3. Klingt so, als ob dir die Präsentation ganz schön schwer im Magen liegt.
4. Ihr fühlt euch da ziemlich allein gelassen, oder?
5. Klingt so, als ob du schon ziemlich viel ohne Erfolg probiert hast und jetzt mächtig frustriert bist.

Praxistipps

- Wichtig ist auch hier, dass Sie eigene Worte finden, die man Ihnen abnimmt. Auswendig gelernte „Formeln" werden schnell als nicht ernst gemeint entlarvt.
- Besonders geeignet ist die Technik, um Widerstände aufzulösen. So können Sie ergründen, welche Ängste und Befürchtungen hinter Blockaden stehen – und diese auch leichter ausräumen.
- Wenn Ihnen die Technik zu ungewohnt erscheint: Experimentieren Sie ruhig erst im privaten Umfeld.

Eine Brücke bauen

Übung 14
5 min

Nutzen Sie nun die bislang vorgestellten Techniken, um in den folgenden Situationen eine Brücke zu Ihrem Gegenüber zu bauen.

1 Ein Kollege beginnt eine Besprechung mit folgenden Worten: „Also, wir wollen heute eine Lösung für das mehr als festgefahrene Projekt ‚Alpha' finden. Die Kollegin Maier hat ja anscheinend einen Vorschlag, aber ganz ehrlich, ich sehe nicht, wie wir diesen Karren überhaupt noch mal aus dem Dreck bekommen."

2 Es geht um einen schwierigen Kunden. Ihre Chefin hat keine Lust mehr, auf dessen Sonderwünsche einzugehen. Sie beginnt das Gespräch mit: „Also, Sie haben mir ja einen Vorschlag gemacht, wie wir Ihrer Meinung nach mit dem Kunden Abraxas weiter vorgehen sollen. Ich glaube aber nicht, dass wir so weiterkommen."

3 Sie wollen Ihre Mitarbeiter motivieren, für einen Großauftrag Überstunden zu fahren. Diese meckern: „Och, nicht schon wieder wir. Das bringt doch eh nichts, und danken tut's uns auch keiner."

Lösungstipp

Eine Brücke bauen Sie zum Beispiel, indem Sie in eigene Worte fassen, was der andere gesagt hat oder ansprechen, welche Gefühle Sie heraushören.

Lösung

1 Sie paraphrasieren: „Das klingt so, als ob Sie echte Bedenken haben, dass es für diese knifflige Situation überhaupt eine gute Lösung gibt." Damit zeigen Sie Ihrem Kollegen, dass Sie seine Bedenken zwar ernst nehmen, regen ihn aber gleichzeitig dazu an, seine Position noch einmal zu überdenken. Stimmt er Ihrer Paraphrase zu, wissen Sie zumindest: Hier ist noch Überzeugungsarbeit verlangt.

2 Sie thematisieren das Gefühl, das Sie herausgehört haben: „Aha, Sie sehen die Sache als hoffnungslos an – Sie glauben nicht, dass ich mit dem Kunden fertig werde?" Stimmt sie zu, sollten sie versuchen, das Vertrauen der Chefin in Ihre Fähigkeiten wieder zu stärken.

3 Sie holen sich ein Ja ab: „Sie sind frustriert und haben eigentlich keine Lust, viel Arbeit zu investieren, ohne dafür irgendwelche Anerkennung zu bekommen?" Das können Ihre Mitarbeiter nun bestätigen – oder relativieren.

Praxistipp

Wenn wir uns durchsetzen wollen, tun wir das oft, indem wir lauter werden und heftig argumentieren. Ob Sie sich durchsetzen oder nicht, entscheidet aber letztlich Ihr Gesprächspartner durch seine Reaktion: Handeln oder Blockade. Und so werden Ihre besten Argumente nichts nützen, wenn Ihnen Ihr Gegenüber gar nicht zuhört. Bauen Sie also zuerst eine Brücke – auf ihr lassen sich Ihre Argumente besser transportieren.

Wandeln Sie Einwände in Kooperation um!

Übung 15

5 min

Mit dem folgenden dreistufigen Konzept, das viele der vorangegangenen Elemente enthält, können Sie Einwände in konstruktive Vorschläge umwandeln:

1. Aktives Zuhören und „Ja" abholen.
2. Konkretisierende Frage (Wer genau…? Wie genau…? Was genau…?)
3. Lösungsorientierte Frage (Was schlagen Sie vor? Was sollten wir Ihrer Meinung nach tun? Was erwarten Sie konkret von mir?)

Sie sind im Controlling Ihrer Firma tätig. Sie haben gerade die aktuellen Zahlen veröffentlicht, da ruft Abteilungsleiter Mager an und will Sie dazu bringen, dass Sie alles noch einmal durchrechnen. Denn seine Zahlen sind sehr schlecht. Wie reagieren Sie? Erfinden Sie einen kleinen Dialog, in dem Sie obiges Schema unterbringen. Beginnen Sie mit dem Vorwurf von Mager: „Diese Zahlen können so nicht stimmen. Rechnen Sie die noch mal durch!"

Lösungstipps

- Es kommt nicht darauf an, sofort den Kern des Problems zu benennen, sondern Ihrem Gegenüber zu signalisieren, dass Sie ihn ernsthaft zu verstehen versuchen.
- Bringen Sie Ihr Gegenüber auf die konstruktive Ebene zurück, indem Sie selbst konstruktiv, deeskalierend und lösungsorientiert formulieren.

Lösung

Der Dialog könnte zum Beispiel wie folgt ablaufen:

Mager: „Diese Zahlen können so nicht stimmen. Rechnen Sie die noch mal durch!"

Sie: „Sie zweifeln also daran, dass diese Zahlen so stimmen?" (aktives Zuhören, Paraphrase)

Mager: „Ja genau, wenn das so stimmen würde ... Wie stehen wir denn dann vor der Geschäftsleitung da?"

Sie: „Sie fürchten also, mit diesen Zahlen vor der Geschäftsleitung Ihr Gesicht zu verlieren." (Gefühle ansprechen)

Mager: „Ja genau! Wie sieht denn das aus?"

Sie: „An welcher Stelle genau weichen denn Ihre Zahlen von meinen ab?" (konkretisierende Nachfrage)

Mager: „Na ja, so direkt weichen sie nicht ab. Aber da ist ja eine Maschine kaputt gegangen, deren Reparatur sehr teuer war, was wirklich stark zu Buche schlägt. Und dann sieht das so aus, als ob wir nicht gut gearbeitet hätten."

Sie: „Welche Möglichkeiten haben Sie denn, die Kosten für die Reparatur zu verbuchen?" (lösungsorientierte Frage)

Praxistipp

Nehmen Sie bei den lösungsorientierten Fragen Ihr Gegenüber mit seinem Wissen in die Pflicht. Es gibt einen klugen Satz, der heißt: Der Träger des Problems ist meist auch der Träger der Lösung. Sie machen es sich also leichter, wenn Sie die Lösung konkret abfragen.

Achten Sie auf Ihre Worte!

Formulieren Sie Kritik in Wünsche um!

Übung 16
5 min

Erinnern Sie sich an eine Situation, in der Sie jemand kritisiert hat. Welche Gedanken und Gefühle hatten Sie, und wie haben Sie reagiert?

Oft kritisieren wir Menschen, wenn sie nicht das tun, was wir gerne hätten, oder es anders machen, als wir es erwarten. Kritik hat aber hohe Folgekosten. Sie wirkt sich negativ auf Ihre Beziehung aus und auf das Selbstwertgefühl Ihres Gegenübers. Und sie hat meist nur minimalen Erfolg: Anstatt zu kooperieren, blockiert der andere. Erfolg versprechender ist es daher, Kritik in Wünsche umzuformulieren.

Formulieren Sie die folgende Kritik in einen Wunsch um:

1 Nie hörst du mir zu!

2 Sie haben mich wieder nicht rechtzeitig informiert!

3 In Ihrem Lösungsvorschlag haben Sie unsere Argumente nicht ausreichend zur Geltung gebracht!

4 Was haben Sie sich nur dabei gedacht, dem Kunden diese Zusage zu machen, ohne das vorher mit mir abzusprechen?

Lösungstipp

Kritik richtet sich in die Vergangenheit, Wünsche zielen in die Zukunft.

Lösung

1 Ich bitte dich, mich ausreden zu lassen und mir zuzuhören.

2 Ich bitte Sie, mich bei der nächsten Besprechung mindestens zwei Stunden vorher über meinen Part zu informieren.

3 Ich wünsche mir, dass Sie in der nächsten Präsentation unsere besten Argumente am Schluss noch einmal auf einer Folie zusammenfassen.

4 In Zukunft erwarte ich von Ihnen, dass Sie sich mit mir absprechen, bevor Sie einem Kunden Zusagen machen.

Praxistipps

- In der Praxis ist Kritik sehr weit verbreitet. Beobachten Sie an eigenen und fremden Reaktionen, welchen Nutzen sie tatsächlich hat. Manchmal ist Kritik vielleicht notwendig – wann, das entscheiden letztendlich Sie selbst.
- Experimentieren Sie abwechselnd mit Wünschen und Kritik – und vergleichen Sie die Wirkung.

■ *Wünsche sind stets zukunftsorientiert, in Ich-Botschaften gekleidet (siehe Übung 17) und möglichst konkret formuliert.* ■

Sprechen Sie in Ich-Botschaften!

Übung 17
5 min

Leider sprechen wir im Alltag viel zu stark in Du-Botschaften. Das heißt, wir bewerten den anderen, machen ihm Vorschriften oder Vorwürfe, anstatt zu formulieren, was wir wollen (Ich-Botschaften). Ausschlaggebend dafür ist, dass uns unsere Wünsche, Gefühle und Bedürfnisse oft gar nicht bewusst sind. Doch wer sich mit seinen Bedürfnissen, Interessen usw. durchsetzen will, kommt weiter, wenn er diese klar formuliert. Das können Sie üben. Wandeln Sie die folgenden Du-Botschaften in Ich-Botschaften um. (Auf den Kontext kommt es nicht an – improvisieren Sie!)

1. So vergraulen Sie den Kunden doch! Machen Sie ihm dieses Mal wenigstens ein gutes Angebot.
2. Sie sollten Ihre Mitarbeiter etwas autoritärer führen!
3. Mit dieser Krawatte machst du dich lächerlich!
4. Dir kann man einfach nichts anvertrauen! Oder woher weiß der Meier schon, dass ich das Projekt bekommen soll?
5. So wie du dich benommen hast, brauchst du dich nicht zu wundern, wenn dein Kollege den Job bekommt.

Lösungstipp

„Ich finde, du bist ..." ist keine Ich-Botschaft, sondern eine versteckte Du-Botschaft. Echte Ich-Botschaften erkennen Sie daran, dass sie wirklich von Ihren ureigenen Gefühlen, Bedürfnissen, vielleicht sogar Ängsten handeln.

Lösung

Diese Lösungsvorschläge enthalten Annahmen über eventuelle Auslöser, die von Ihrer Situationsvorstellung sicher abweichen. Daher sind Sie vielleicht auf ganz andere, aber genauso richtige Du-Botschaften gekommen.

1 Ich möchte diesen Kunden unbedingt halten. Machen Sie ihm deswegen bitte ein so gutes Angebot, dass er bei uns bleibt.

2 Ich fürchte um das Projektziel, wenn Sie Ihren Mitarbeitern weiterhin so viel Spielraum lassen. Ich bitte Sie, dafür zu sorgen, dass die Zeitvorgaben eingehalten werden.

3 Mir gefällt die blaue Krawatte zu dem Anzug viel besser!

4 Es hat mich geärgert, dass Meier schon von meinem neuen Projekt weiß. Ich wünsche mir für die Zukunft, dass persönliche Informationen unter uns bleiben. Einverstanden?

5 Ich wünsche mir für die Zukunft, dass wir auch und gerade für Konfliktsituationen eine konstruktive Gesprächskultur finden.

Praxistipp

Ich-Botschaften sind keine Weichspüler. Sie sagen durchaus direkt, was Sie fühlen und wollen. Wichtig ist allein: Sie sprechen von sich – nicht über den anderen!

Drücken Sie es positiv aus!

Übung 18

5 min

Ob Sie durch Ihre Formulierung die Konzentration eher auf Probleme als auf Lösungen, auf Defizite als auf Ressourcen, auf das nicht Machbare als auf das Machbare richten – die Wirkung wird jeweils eine ganz andere sein. Sie wissen ja: Es ist nicht dasselbe, ob das Glas halb voll oder halb leer ist, auch wenn es den gleichen Sachverhalt darstellt. Grenzen Sie sich also in Ihrer Durchsetzungsstärke nicht ein, indem Sie die Dinge negativ formulieren.

Formulieren Sie folgende Sätze positiv:

1 Der zweite Vorschlag gefällt mir nicht so gut. Die Darstellung finde ich dort nicht so gelungen.

2 Es wird ziemlich schwierig, den Zeitplan einzuhalten.

3 Schade, dass wir den ersten Platz so knapp verpasst haben.

4 Sie sprechen viel zu laut für diesen Rahmen!

5 Ich fand es nicht so gut, dass du am Anfang des Vortrags deinen Namen nicht gesagt hast.

6 Es ärgert mich, dass du schon wieder den Müll nicht runtergebracht hast.

Lösungstipp

Wenn Sie Ihre Äußerung negativ formulieren, ist Ihre Aufmerksamkeit bei den Problemen statt bei Lösungen. Thematisieren Sie also, was gut ist oder schon gut funktioniert.

Lösung

1 Der erste Vorschlag gefällt mir sehr gut. Die Darstellung finde ich dort sehr gelungen.

2 Um den Zeitplan noch einzuhalten, brauchen wir den vollen Einsatz aller Mitarbeiter. Wenn wir alle an einem Strang ziehen und möglichst viele Ressourcen aktivieren, schaffen wir es!

3 Wir haben bei dem Wettbewerb einen guten zweiten Platz belegt. Das ist schon ein toller Erfolg!

4 Sie haben eine sehr voluminöse Stimme, mit der Sie gut auch große Räume füllen können.

5 Mir hat die Geschichte sehr gut gefallen, die du zur Einleitung erzählt hast. Zusätzlich fände ich es noch hilfreich, wenn du zu Beginn deinen Namen nennen würdest.

6 Danke fürs Einkaufen und Kistenschleppen. Würdest du bitte nachher noch den Müll mit runter nehmen?

■ *Auch wenn im Schwäbischen gilt „Nicht gemeckert ist genug gelobt" – motivierend ist das nicht. Es ist ein großer Unterschied, ob meine Arbeit „nicht schlecht" bewertet wird oder vielleicht sogar „gut". Formulieren Sie deswegen positiv: Was hat Ihnen gefallen? Oder benennen Sie lösungsorientierte Ansätze: Was hätten Sie gerne? Was brauchen Sie zusätzlich? Worum bitten Sie? Meckern, sich beschweren, auf Fehler anderer zeigen hingegen sind Verhaltensweisen, die destruktiv wirken.* ■

Erfolgreich verhandeln und argumentieren

Gewinn abwägen

Übung 19

5 min

Sich durchgesetzt zu haben ist im ersten Moment ein gutes Gefühl. Wir fühlen uns stark, klug oder wichtig, und all das steigert unser Selbstwertgefühl. Wenn wir dabei aber anderen gegenüber rücksichtslos oder manipulativ aufgetreten sind, hat unser Verhalten Folgekosten, z. B. dass der andere nicht mehr mit uns kooperiert oder Informationen zurückhält. Das kann unseren Erfolg mittel- oder langfristig zunichte machen.

Versetzen Sie sich in folgende Situationen. Überlegen Sie, welcher kurzfristige Gewinn winkt. Stellen Sie diesem mittel- und langfristige Folgekosten gegenüber.

1 Sie haben Ihr Zeitungsabonnement für eine Woche ausgesetzt, nach zehn Tagen ist die Zeitung aber immer noch nicht im Briefkasten. Sie rufen im Verlag an. Der Sachbearbeiter weist Sie darauf hin, dass die Pause in seinem System für zehn Tage eingetragen war. Sie ärgern sich – der Fehler hat ja nicht bei Ihnen gelegen!

2 Im Team passiert ein Fehler. Alle wissen, wer ihn verursacht hat, aber niemand will dazu etwas sagen. Das sehen Sie nicht ein und wollen bei der nächsten Teamsitzung den Kollegen persönlich zur Verantwortung ziehen.

Lösung

1 **Gewinn:** Maximal können Sie eine Erstattung für drei Tage heraushandeln. *Beweisen*, dass der Fehler beim Verlag liegt, können Sie wohl kaum. Und selbst wenn: Recht haben ist ein sehr zweifelhafter Gewinn. (Der einzig echte Verhandlungserfolg wäre, dass Sie Ihre Zeitung so schnell wie möglich wiederbekommen.)
Folgekosten: Den Eindruck, den Sie beim Sachbearbeiter hinterlassen, wenn Sie auf Ihr Recht beharren, wird sein: „Dieser Kunde toleriert keine Fehler und ist schwierig." Auf Ihr Zeitungsabo wird das aber kaum Einfluss haben.

2 **Gewinn:** Sie weisen dem Kollegen nach, dass er für den Fehler verantwortlich ist.
Folgekosten: Dieser Gewinn hat langfristig gleich mehrfach negative Konsequenzen: Die Wahrscheinlichkeit, dass sich der Kollege bei nächster Gelegenheit revanchieren wird, ist groß. Gleichzeitig setzen Sie für alle anderen Anwesenden das Signal: Wenn's mal schwierig wird, ist mit dem nicht gut Kirschen essen. Vermutlich werden sich nun die anderen Kollegen Ihnen gegenüber eher zurückhaltend oder gar misstrauisch verhalten.

■ *„Willst du Recht haben oder Freunde?" Recht haben gibt einem zwar oft das Gefühl stark zu sein. Aber zumindest im Verhältnis zu Menschen, mit denen man öfter zu tun hat, hat es hohe Folgekosten auf der Beziehungsebene: Wer verkehrt schon gerne mit einem Rechthaber, um stets suggeriert zu bekommen, man selbst sei dümmer?* ■

Stellen Sie Win-win-Situationen her!

Übung 20

5 min

Auf besonders kluge und diplomatische Art setzen Sie sich durch, indem Sie Win-win-Situationen herstellen. Ziel ist dabei, dass alle Beteiligten mit dem Ergebnis zufrieden sind.

Beispiel: Ein Ladenbesitzer hat sich bei Ihrem Einkauf zu Ihren Ungunsten verrechnet. Sie merken das erst zu Hause, haben aber die Rechnung nicht mitgenommen. Also können Sie nur auf seine Kulanz hoffen. Mögliche Lösung: Sie gehen noch einmal zurück, um den Irrtum aufzuklären, und bieten dem Ladenbesitzer an, Ihnen das Geld in Form eines Gutscheins zurückzugeben.

Finden Sie nun für die folgenden Situationen Lösungen, mit denen jeder der Beteiligten gut leben kann.

1 Einer Ihrer Mitarbeiter möchte unbedingt eine spezielle Fortbildung wahrnehmen und natürlich auch bezahlt bekommen. Sie haben aber kein Budget mehr für Fortbildungen.

2 Ihr Partner/Ihre Partnerin möchte im Urlaub etwas erleben, Sie aber wollen sich vor allem entspannen.

Lösungstipp

Beziehen Sie in Ihre Lösung auch nicht-monetäre Aspekte wie Kundenbindung, Vertrauen, Kooperation, Motivation oder Zufriedenheit mit ein.

Lösung

1 Wenn Sie die Möglichkeit haben, dem Mitarbeiter unbezahlten Urlaub oder gar Sonderurlaub zu geben, damit er die Fortbildung auf eigene Kosten wahrnehmen kann, haben Sie beide gewonnen: Der Mitarbeiter kann die Schulung machen, ohne wertvolle Urlaubstage zu verlieren. Dafür muss er sie selbst zahlen. Sie verzichten dafür einige Zeit auf ihn, müssen aber kein Extra-Budget für die Schulung genehmigen. Außerdem werden Sie mittel- und langfristig nicht nur von seinen zusätzlichen Kompetenzen profitieren, sondern auch von seiner gesteigerten Motivation.

2 Ein klassischer Kompromiss und damit eine Win-win-Situation wäre: Sie machen eine Woche Erlebnisurlaub und anschließend eine Woche Strand- oder sonstigen Erholungsurlaub. Dazu suchen Sie sich am besten gemeinsam ein Reiseland aus, das Ihnen beides bieten kann.

Sicher finden Sie noch andere Varianten!

▪ *Donald Trump, amerikanischer Multimillionär, hat auf die Frage nach dem Geheimnis seines Erfolgs geantwortet, er sei nie vom Verhandlungstisch aufgestanden, bevor er nicht ein Ergebnis erreicht hatte, mit dem alle Beteiligten zufrieden waren. Es scheint sich also zu lohnen!* ▪

Überzeugen Sie durch Nutzenargumentation!

Übung 21
5 min

Wer sich Ihrer Meinung, Ihrem Vorschlag oder Ihrer Lösung anschließen soll, möchte in der Regel auch selbst einen Nutzen davon haben. Das Problem: Befindet sich Ihr Gegenüber in einer Blockadehaltung, erkennt er den eigenen Nutzen oft nicht – oder will ihn nicht sehen. Deswegen tun Sie gut daran, bei all Ihren Vorhaben auch die Vorteile der Gegenseite herauszustellen.

Überlegen Sie sich Nutzenargumente für die folgenden Situationen:

1 Sie wollen Ihre Kollegen dazu bringen, Fahrgemeinschaften zu bilden.
2 Sie wollen Ihren Partner/Ihre Partnerin dazu bewegen, gemeinsam regelmäßig Sport zu treiben.
3 Sie möchten, dass Ihr Chef bei Ihrer nächsten Präsentation dabei ist, damit er Ihnen hinterher Feedback geben kann.
4 Sie wollen Ihre Mitarbeiter dazu bewegen, an einem Team-Coaching teilzunehmen.
5 Sie wollen einen Kunden dazu bringen, dass er Sie rechtzeitig über hausinterne Schwierigkeiten informiert.

Lösungstipps

- Wenn Sie jemanden wirklich überzeugen wollen, sollten Sie auf pauschale Aussagen wie „Das hat doch auch für

Sie Vorteile" verzichten. Solche Sätze sind nämlich Null-Aussagen: Welcher Vorteil genau ist denn gemeint? Überzeugend wirken Sie also nur, wenn Sie auch gehaltvolle Argumente vorbringen.

- Auch ein schlüssiger Argumentationsaufbau ist von Vorteil. Nutzen Sie zum Beispiel folgendes Schema:
  1 Sie formulieren Ihre Idee.
  2 Sie benutzen eine (einleitende) Überzeugungsformel wie „Das hat für Sie den Vorteil, dass ...".
  3 Sie nennen einen oder mehrere konkrete, möglichst individuelle Nutzen für den anderen.
- Die oben angegeben Argumentationsschritte müssen nicht immer in der genannten Reihenfolge erfolgen. Die Überzeugungsformel kann auch am Schluss stehen.

Lösung

Hier einige Vorschläge. Sicher sind Ihnen ganz individuelle Argumente eingefallen.

1 Ich schlage vor, dass wir Fahrgemeinschaften bilden. Dadurch spart nicht nur jeder von uns viel Geld, sondern wir können uns auch besser kennen lernen. Und ein kleines Netzwerk knüpfen. Ganz abgesehen davon leisten wir damit einen wertvollen Beitrag zum Umweltschutz.

2 Sag mal, was hältst du davon, wenn wir zusammen einen Kurs in Nordic Walking besuchen? Bei dieser Sportart sind wir viel an der frischen Luft, und man bewegt sich auf

sehr gesunde Art. Wir könnten so auch mal wieder neue Leute kennen lernen. Das wolltest du doch immer.

3 Frau Müller, könnten Sie bei meiner nächsten Präsentation dabei sein und mir hinterher Feedback geben? Das hat für Sie den Vorteil, dass Sie einen genauen Eindruck davon bekommen, wo ich gerade stehe. Danach können wir gemeinsam die weiteren Schritte vereinbaren. Und Sie bekommen Anhaltspunkte, wie Sie mich in Zukunft bewerten.

4 Liebe Mitarbeiter, ich möchte gerne mit euch ein Team-Coaching durchführen. Das hat für uns alle den Vorteil, dass wir künftig effektiver und erfolgreicher arbeiten werden. Außerdem hat jeder Einzelne dadurch die Möglichkeit, die anderen einmal in einem komplett anderen Kontext kennen zu lernen. Und Spaß wird es bestimmt auch machen!

5 Sehr geehrter Herr Kunde, ich bitte Sie, mich in diesem Projekt möglichst sofort zu informieren, wenn in Ihrem Haus Schwierigkeiten auftreten sollten. Nur so kann ich schnell geeignete Gegenmaßnahmen ergreifen. So können auch aufwändige Nachbesserung vermieden und dadurch Zeit und Kosten gespart werden. Das ist doch auch in Ihrem Sinne, nehme ich an.

Praxistipps

Folgende Überzeugungsformeln können Sie einmal ausprobieren:

- Das hat für Sie den Vorteil ...
- Du magst doch gerne ...
- Es ist sicher auch in Ihrem Sinn, wenn ...
- Sie haben dadurch die Möglichkeit/Chance ...
- Sie setzen dadurch Ressourcen frei für ...
- Sie sichern sich dadurch ...
- Sie verschaffen sich damit (Respekt/Anerkennung/Prestige/Ansehen ...)
- Das bedeutet für Sie ...
- Das bringt Ihnen ...
- Das vergrößert Ihre ...
- Damit erreichen Sie ...
- Das ergibt für Sie ...

Wichtig ist, dass Sie Formulierungen finden, die aus Ihrem Mund auch glaubhaft wirken! Benutzen Sie also im Zweifelsfall lieber eigene Worte, als Überzeugungsformeln auswendig zu lernen und abzuspulen.

Sich als Moderator durchsetzen

Eine Besprechung leiten

Übung 22

5 min

Ob in einer Besprechung, einem Workshop oder einem Projekt – wer moderiert, hat viel Macht. Andererseits betrachtet man einen Moderator aus den eigenen Reihen oft skeptisch – und das macht das Führen einer Gesprächsrunde nicht gerade leicht. Ein Grund, Moderation öfter zu trainieren. Wenn Sie sich souverän verhalten, können Sie sich gegen Störungen und undisziplinierte Redner durchsetzen.

Angenommen, Sie haben in einer Besprechung als *primus inter pares* die Moderation übernommen. Was sagen Sie zu den Teilnehmern in folgenden Situationen:

1. Mehrere Kollegen reden gleichzeitig, es wird ständig unterbrochen, die Emotionen kochen hoch.
2. Die Redner kommen immer weiter vom Thema ab.
3. Sie wollen als Fachmann inhaltlich in die Diskussion eingreifen.

Praxistipp

Als Moderator sollten Sie erklären, warum Sie sich zu Wort melden und mit welcher Absicht Sie das tun. Denken Sie auch an eine Nutzenargumentation, die Sendung von Ich-Botschaften und achten Sie auf die Bedürfnisse – vor allem die der Allgemeinheit.

Lösung

Betrachten Sie die Lösungen als beispielhaft – sicher sind Ihnen noch andere Argumente und Moderationstechniken eingefallen:

- „Im Moment reden hier gerade sehr viele Leute gleichzeitig, mit dem Ergebnis, dass ich nicht mehr alle Vorschläge nachvollziehen kann. Mir ist es wichtig, dass nichts verloren geht. Deswegen würde ich gerne alle Ansätze visualisieren. Sind damit alle einverstanden?"
- „Mir ist gerade nicht mehr klar, inwiefern diese Diskussion zu unserem Thema gehört. Ich würde die Diskussion deswegen gerne etwas strukturieren. Sind Sie damit einverstanden, wenn wir zunächst bei TOP 3 weitermachen und den Punkt zuerst klären? Dann kommen wir zu TOP 4. Am besten, wir führen jetzt auch eine To-do-Liste mit Aufgaben, Verantwortlichen und Termin. Wer kann das übernehmen?"
- „In meiner Rolle als Moderator bin ich zu inhaltlicher Neutralität verpflichtet. An dieser Stelle bin ich aber in meiner Funktion als Teilprojektverantwortlicher inhaltlich involviert. Ich würde deswegen gerne in dieser Funktion auch einen inhaltlichen Beitrag leisten." (Am saubersten ist es, wenn Sie für den inhaltlichen Beitrag auch Ihre Sitzposition verändern und erst, wenn Sie wieder moderieren, wieder nach vorne gehen).

Diplomatisch moderieren

Übung 23
2 min

Noch eine Szenario-Übung. Stellen Sie sich vor, Sie haben zu einer Besprechung eingeladen und Tagesordnung, Inhalte und das Ziel festgesetzt. Am Gespräch nehmen ausschließlich Führungskräfte teil: Ihre Vorgesetzten und weitere, in der Hierarchie über Ihnen stehende Personen. Sie müssen die Sitzung leiten. Leider sind die Teilnehmer nicht so diszipliniert, wie Sie es sich wünschen, und verlieren sich oft in Randgesprächen, Prestigediskussionen und Rangeleien. Welche Moderationstechniken dürfen Sie einsetzen, um Ruhe und Ordnung in das drohende Chaos zu bringen, ohne die Hierarchie-Regeln zu verletzen? Wählen Sie aus!

Moderationstechnik erlaubt?	ja	nein
1 Redner unterbrechen		
2 Gesagtes zusammenfassen		
3 Beiträge vom Redner für das Protokoll zusammenfassen lassen		
4 Jeden Redner zur Kürze mahnen		
5 Offene Kritik üben		
6 Zum Thema zurückführen		
7 Sachlichkeit einfordern (z. B. fragen, inwieweit der Beitrag zum Thema gehört)		
8 Schweiger nach ihrer Meinung fragen		

Lösung

Natürlich hängen die verwendeten Moderationstechniken immer stark vom Beziehungsgeflecht der Beteiligten ab. Aber einige Maßnahmen sollten Sie vermeiden, wenn Sie sich als Moderator bei Vorgesetzten durchsetzen wollen.

1: nein. 2: ja. 3: nein (das wäre Ihre Aufgabe). 4: nein. 5: nein. 6: ja. 7: ja. 8: ja.

Praxistipps

- Das Knifflige in dieser Situation ist, dass Sie sich in einem Rollenkonflikt befinden: Einerseits sind Sie noch immer (und vor allem auch hinterher) der Mitarbeiter oder die Mitarbeiterin, der/die auf das Wohlwollen des Vorgesetzten angewiesen ist. Andererseits sind Sie kraft Amtes verantwortlich dafür, dass die Sitzung geordnet verläuft und Sie zu einem guten Ergebnis kommen. Bei allem Selbstbewusstsein ist es in solchen Situationen klug, die bestehenden Hierarchien zu würdigen. Unterbrechungen oder offene Kritik fallen als mögliche Intervention daher weg.
- Wenn Sie eingreifen, erklären Sie auch hier, in welcher Rolle oder mit welcher Absicht Sie das tun. Zum Beispiel: „Meine Damen und Herren, als Moderator/in bin ich verantwortlich dafür, dass wir am Ende der Sitzung ein gutes Ergebnis haben. Deswegen bitte ich Sie …"

Wenn Ihr Gegenüber nicht mitspielt

In diesem Kapitel lernen Sie,

- Eskalationen zu vermeiden,
- mit unfairen Angriffen umzugehen,
- gegenüber mächtigeren Partnern stark zu bleiben,
- richtig auf Druck zu reagieren und
- auf frauenfeindliche Bemerkungen souverän zu kontern.

Darum geht es in der Praxis

Die partnerschaftliche und lösungsorientierte Kommunikation, wie sie im vorhergehenden Kapitel Thema war, kann immer nur ein Angebot, nie aber ein Zwang sein. Ihr Gegenüber hat sozusagen die Freiheit, auf jede noch so faire Kommunikation mit unfairen Methoden zu reagieren. Wichtig ist, dass Sie auf solche harten Fälle gut vorbereitet sind.

In diesem Kapitel bekommen Sie Übungen an die Hand, um auf Blockaden, persönliche Angriffe, frauenfeindliche Sprüche oder den massiven Einsatz von Macht situationsgerecht zu kontern. Wenn Sie jemand zum Beispiel brüskiert, weil er sich partout nicht an Absprachen hält, machen Sie sich irgendwann lächerlich, wenn Sie versuchen, mit dieser Person immer wieder neue Absprachen zu treffen. Also müssen Sie anders reagieren! Dazu können Sie die Grundregel der Spieltheorie nutzen. Sie lautet: Schieße Vertrauen (Kooperation, Fairness ...) vor. Wenn der andere dieses Vertrauen missbraucht (konkurriert, unfair kontert o. Ä.), dann verhalte dich immer so, wie dein Gegenüber es im vorhergehenden Schritt getan hat. Eine einfache Regel, die aber ziemlich oft zum Erfolg führt.

Also: Spielen Sie nett mit Ihrer Umwelt! Wenn Sie jemand gegen das Schienbein tritt, treten Sie zurück. Dann beobachten Sie, was der andere tut, und verhalten sich genauso.

Eskalation erkennen und vermeiden

Mein Konfliktthermometer

Übung 24
8 min

Ist Ihnen schon einmal aufgefallen, dass es in Konfliktsituationen eine Schwelle gibt, ab der sich sämtliche Strategien negativ auf die Beziehungsebene auswirken? Das können Sie sich vorstellen wie den Prozess des Fieberns: Dient eine leicht erhöhte Temperatur noch dazu, die Abwehrkräfte zu aktivieren, hat starkes Fieber auf Dauer fatale Folgen.

In dieser Übung sollen Sie Ihre persönlichen Grenzen erkunden. Dazu erstellen Sie Ihr „Konfliktthermometer". Sie brauchen hierfür ein besonders großes Blatt Papier und ein paar Buntstifte.

Vergegenwärtigen Sie sich Situationen, in denen Sie sich durchsetzen wollten und auf Widerstand gestoßen sind. Was ist passiert? Ist Ihr Fieber gestiegen? Ist die Situation eskaliert? Malen Sie nun ein Fieberthermometer auf, mit Strichen für 37 bis 41,5 Grad Celsius. Lassen Sie dazwischen genügend Abstand. Schreiben Sie neben jeden Strick konkrete Verhaltensweisen (siehe S. 10), die Sie in den jeweiligen Situationen entwickelt haben. Eine niedrige Temperatur steht für diplomatische Versuche, sich durchzusetzen, eine hohe Temperatur für entsprechend mehr Druck, Emotionalität usw. Ergänzen Sie Gedanken und Gefühle. Setzen Sie dazu auch die Farben ein.

Lösungstipp

Sie können sich von Fragen leiten lassen wie: Was sind meine klassischen Manöver? Wie lege ich nach, wenn meine anfängliche Strategie nicht aufgeht? Wie reagiere ich körperlich auf Konflikte (Herzklopfen, Magenschmerzen usw.)?

Lösung

Jedes Konfliktthermometer ist individuell. Hier ein Beispiel:

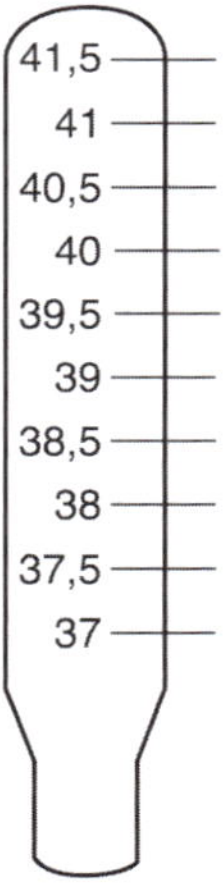

- persönliche Angriffe unterhalb der Gürtellinie
- Schuldzuweisungen
- unterschwellige Angriffe, Herzklopfen
- ironische Aussagen
- Augenverdrehen, Unwohlsein
- leicht genervt
- freundliche Gespräche, lösungsorientiert

Praxistipp

Machen Sie sich in schwierigen Situationen bewusst, an welcher Stelle Ihres Thermometers Sie sich gerade befinden. Vermeiden Sie eine Eskalation, indem Sie aus Ihrem gewohnten Muster aussteigen.

Meine Notbremsen bei Eskalationen

Übung 25
5 min

Ähnlich wie Fieber, das zunächst hilfreich, ab einem bestimmten Punkt aber kritisch und ab 42 Grad sogar tödlich ist, gibt es Verhaltensmuster, die irgendwann destruktiv wirken.

Nehmen Sie noch einmal Ihr Thermometer aus der vorigen Übung zur Hand.

1. Überlegen Sie, welches der kritische Punkt auf Ihrem Thermometer ist: Ab wann leidet die Ziel- und Lösungsorientierung? Ab welchen Verhaltensweisen wird es später schwierig, dem anderen wieder in die Augen zu schauen? Wann hätten Sie Angst davor, in Zukunft auf die Kooperation Ihres Gegenübers angewiesen zu sein? Kennzeichnen Sie diese Stelle mit einem roten Balken.
2. Bei zu hohem Fieber legt man Wadenwickel an. Überlegen Sie sich Ihre individuellen Wadenwickel: Mit Hilfe welcher Methoden können Sie die aufgeheizte Stimmung herunterkühlen, um eine kooperative Lösung wieder wahrscheinlicher zu machen?

Lösung

Es gibt keine richtige oder falsche Lösung. Experimentieren Sie mit unterschiedlichen Techniken, um Eskalationen zu unterbrechen. Hier einige Vorschläge:

- Legen Sie im Gespräch eine Pause ein.
- Lehnen Sie sich entspannt zurück und beobachten Sie Ihren Atem, Herzschlag und andere körperliche Gefühle.
- Atmen Sie möglichst lange aus und achten Sie auf die Atempause, bevor Sie wieder Luft holen.
- Stellen Sie Ihrem Gegenüber eine Frage.
- Fassen Sie das bisher Gesagte zusammen: „Wenn ich Sie richtig verstanden habe ..."
- Sprechen Sie Ihre Gefühle an (siehe S. 35).
- Beschreiben Sie, was Ihrer Beobachtung nach gerade im Gespräch passiert (siehe auch S. 82).
- Vertagen Sie die Sitzung oder das Gespräch und holen Sie in der Zwischenzeit Rat ein.

▪ *Wenn ich die Teilnehmer meiner Seminare typische Konfliktsituationen beschreiben lasse, stellen sich meistens sehr charakteristische Phasen heraus, deren Folgen, mit Abstand betrachtet, auch meistens vorhersehbar sind. Wir fahren also oft sehenden Auges gegen die Wand. Meist hilft es schon, wenn Sie sich dieser Muster überhaupt bewusst werden. Dazu können Sie zum Beispiel das Konfliktthermometer nutzen.* ▪

Souverän bei Machtspielen und Blockaden

Spielen Sie das Talk-Show-Spiel!

Übung 26
5 min

Sie alle kennen die Situation: Gerade sind Sie dabei, einen wichtigen Gedankengang zu entwickeln, da quasselt Ihnen jemand dazwischen. Sie sind verblüfft, verdattert, hören zu – und schon ist die Energie und Aufmerksamkeit beim anderen. Das ist ärgerlich. Beobachten Sie einmal in einem der Politmagazine, wie Profis mit Unterbrechungen umgehen: Sie sprechen unbeirrt weiter und geben das Rederecht nicht ab. Das heißt, sie lassen sich einfach nicht unterbrechen. Dieses Verhalten können Sie üben.

Sie brauchen dazu einen Partner oder eine Partnerin und zwei Stühle. Überlegen Sie sich vorab ein Thema, das Ihnen wichtig ist und von dem Sie Ihrem Gegenüber berichten wollen. Vielleicht notieren Sie sich vorab einige Kernargumente oder Beispiele. Dann setzen Sie sich einander gegenüber und fangen an zu sprechen. Ihr/e Partner/in hat nun die Aufgabe, Sie möglichst oft und rücksichtslos zu unterbrechen, indem er/sie Killerphrasen einbringt, eigene Argumente einschiebt usw. Auch wenn Ihnen das seltsam, unhöflich und chaotisch erscheint: Sprechen Sie unbeirrt weiter! Danach können Sie die Rollen tauschen.

Lösung

Da es sich bei dieser Übung um ein Experiment handelt, gibt es keine Lösung im eigentlichen Sinn. Spannend sind die Gedanken, Gefühle und spontanen Reaktionen, die Sie während der Übung wahrnehmen.

Praxistipps

Grundsätzlich ist diese Gesprächsstrategie für konstruktive Gespräche nicht empfehlenswert, geht es dabei doch weniger um Ergebnisse als um die Demonstration von Macht. Da Sie aber immer wieder auf Menschen stoßen werden, die so agieren, ist es ratsam, auch für diese Situationen gewappnet zu sein. Wenn also einer Ihrer Gesprächspartner Ihre Freundlichkeit und Aufmerksamkeit als Einladung betrachtet, Ihnen das Rederecht streitig zu machen oder Sie regelrecht niederredet, dann müssen Sie sich das nicht gefallen lassen. Sonst dürfte der Eindruck entstehen, dass man mit Ihnen machen kann, was man will. Das ist weder für Sie und Ihr Selbstwertgefühl noch für den Gesprächsverlauf oder das Ergebnis sinnvoll.

■ *Gehen Sie grundsätzlich mit einer kooperativen Haltung in Gespräche. Bringen Sie dem anderen Akzeptanz und Achtung entgegen. Wenn einzelne Gesprächspartner auf diesen kooperativen Stil wiederholt mit unfairen Strategien reagieren, zeigen Sie, dass Sie auch anders können. So dürfen Sie zum Beispiel die Strategie „Tit for Tat" anwenden: So, wie der andere agiert, reagieren Sie auch – bis er von selbst aus dem unfairen Modus aussteigt.* ■

Lassen Sie sich nicht an der Nase herumführen!

Übung 27
5 min

Diese Übung trainiert Ihr Durchsetzungsvermögen in schwacher Position. Wenn Sie schon einmal ein Projekt geleitet haben, kennen Sie die folgende Konstellation womöglich.

Stellen Sie sich vor, Sie haben als Außendienstmitarbeiter einem Kunden gegenüber bestimmte Zusagen gemacht. Um diese einzuhalten, sind Sie auf Informationen und die Kooperation interner Projektpartner angewiesen, denen gegenüber Sie aber keine Weisungsbefugnis oder disziplinarischen Möglichkeiten haben. Nun hat sich ein interner Ansprechpartner, Herr Weber, nicht an bestimmte firmeninterne Vorgaben gehalten. Er weigert sich, Ihnen die notwendigen Informationen zu geben oder nachzubessern. Sie jedoch müssen dafür sorgen, dass Sie die notwendigen Ergebnisse erhalten. Was tun Sie?

Schreiben Sie auf, welche Maßnahme(n) Sie ergreifen.

Lösungshinweis

Diese Konstellation fordert Ihr besonderes Geschick, da Sie keine formelle Macht haben. Sofort Druck aufzubauen, ist nicht ratsam, weil Sie sonst Gegendruck erzeugen. Überlegen Sie sich daher einen Stufenplan von Maßnahmen. Reagiert Ihr Gegenüber auf die sanften Methoden nicht, scheuen Sie auch schärfere Mittel nicht. Es geht um Ihre Glaubwürdigkeit!

Lösung

So könnte ein Stufenplan zum Beispiel aussehen:

- Haken Sie nach, woran es liegt, dass Sie die erforderlichen Daten nicht bekommen.
- Fragen Sie Herrn Weber, welche Unterstützung er braucht, um Ihren Anforderungen nachkommen zu können.
- Machen Sie ihm konkrete Vorschläge, wie Sie gemeinsam zum Ziel kommen können.
- Bitten Sie ihn um Zwischenberichte. So üben Sie Kontrolle aus und können überblicken, wie das Projekt vorankommt.
- Setzen Sie Herrn Weber konkrete Termine, zu denen Sie Ergebnisse brauchen. Hält er sie nicht ein, mahnen Sie ihn möglichst am nächsten Tag an. Informieren Sie ihn gegebenenfalls auch über Ihre nächsten Schritte, sollte bis dahin kein Ergebnis vorliegen.
- Hat auch das nicht gefruchtet, eskalieren Sie an den Vorgesetzten von Herrn Weber (siehe auch S. 118) und bitten Sie diesen um regelmäßige Berichte über den Fortgang der Dinge. Signalisieren Sie ihm, dass Sie die Verantwortung für die Einhaltung der Termine an ihn delegieren!

Gerade in organisatorisch schwierigen Projekten ist es wichtig, dass Sie mit viel Energie, Klarheit und Konsequenz vorgehen. Sonst werden Ihre Belange schnell nach unten priorisiert.

Diplomatisch mit Hierarchien umgehen

Lassen Sie die Verantwortung da, wo sie hingehört!

Übung 28
3 min

Es ist grundsätzlich gut, Verantwortung zu übernehmen. Manche von uns machen sich das Leben aber schwer, indem sie sie an einer Stelle übernehmen, an der sie es nicht müssen. In solchen Situationen ist es enorm entlastend, die Verantwortung klar zurückzudelegieren.

Stellen Sie sich folgende Situation vor: Ihr direkter Vorgesetzter, Herr Müller, fragt Sie nach Ihrer Meinung. Er möchte in einem Projekt, in dem Sie mitarbeiten, die Entscheidung A fällen. Dahinter können Sie inhaltlich stehen. Sie wissen aber, dass der Projektleiter, Herr Graf, fachlich anderer Meinung ist – er favorisiert die Lösung B. Sie fürchten negative Konsequenzen, wenn Sie die Entscheidung A propagieren. Was sagen Sie Ihrem Vorgesetzten, um die Verantwortung für die endgültige Entscheidung bewusst zurückzugeben? Formulieren Sie Ihre Lösung als kleine Rede an Herrn Müller.

Lösungstipp

Gehen Sie diplomatisch vor, aber bleiben Sie klar. Ehrlich ist es, wenn Sie Ihren inneren Konflikt mitkommunizieren. Ihre Meinung können Sie zwar selbstbewusst vertreten; aber die Konsequenzen einer Entscheidung, die nicht in Ihrer Verantwortung liegt, müssen Sie nicht tragen.

Lösung

Ihre Argumentation könnte zum Beispiel so klingen:

„Herr Müller, rein fachlich bin ich der Meinung, dass die Lösung A die beste ist. Ich weiß aber, dass Herr Graf das aus bestimmten Gründen nicht möchte. Ich fürchte deswegen, dass es für mich negative Konsequenzen haben kann, wenn ich diese Meinung offen vertrete. Falls Sie sich für die Variante A entscheiden, halte ich es für wichtig, wenn Sie selbst den Projektleiter in Ihre Entscheidung integrieren und ihn von der Richtigkeit der Lösung überzeugen."

Praxistipps

Übernehmen Sie die Verantwortung nur dort, wo Sie auch die Kompetenz haben, die notwendigen Entscheidungen zu fällen, zu vertreten und deren Konsequenzen zu tragen. Wenn Sie für Dinge gerade stehen, auf die Sie keinen Einfluss haben, belasten Sie sich nur unnötig!

Um sich über seine Verantwortlichkeiten einmal Klarheit zu verschaffen, unterscheidet man drei Einflussbereiche:

- Sie haben direkten Einfluss (d.h. Sie können machen und entscheiden, also die Verantwortung auch übernehmen).
- Sie haben nur einen indirekten Einfluss (d.h. Sie können höchstens die Meinung der anderen beeinflussen).
- Sie haben gar keinen Einfluss („Chefsachen" usw. – Sie können nichts tun.)

Den Chef überzeugen

Übung 29
5 min

Wenn Sie sich in einer Hierarchie nach oben durchsetzen möchten, brauchen Sie besonderes Fingerspitzengefühl.

Wie würden Sie in folgenden Situationen vorgehen?

1 Mit dem Kunden Wolf, mit dem die Firma einen Umsatz von 500.000 Euro macht, ist einiges schief gelaufen. Sie haben ihm daher versprochen, Sie würden sich dafür einsetzen, dass er bei einer Lieferung bevorzugt behandelt wird. Setzen Sie das bei Ihrer Chefin Frau Hollunder durch, die in der Regel Extrabehandlungen ablehnt.

2 Im Projekt „Falke" gibt es Unregelmäßigkeiten. Sie wollen deswegen eine außerplanmäßige Projektbesprechung von 1,5 Stunden mit den Herren Müller und Meier einberufen. Wie holen Sie die Erlaubnis ihres Vorgesetzten, Herrn Bauer, ein?

3 Sie wollen im August unbedingt zwei Wochen mit Ihren schulpflichtigen Kindern Urlaub machen. Offiziell besteht zu dieser Zeit jedoch Urlaubssperre. Machen Sie Ihrem Chef, Herrn Bär, ein Angebot.

Lösungstipps

Berücksichtigen Sie die speziellen Bedürfnisse einer Führungskraft. Die wenigsten haben zum Beispiel viel Zeit. Argumentieren Sie möglichst prägnant. Verweisen Sie auf positive Effekte, die im Interesse des Unternehmens liegen, wie Zeitersparnis, Kundenbindung oder Kostenreduzierung.

Lösung

1 Frau Hollunder, Sie erinnern sich bestimmt daran, dass mit dem Kunden Wolf in den letzten Wochen einiges schief gelaufen ist. Er ist jetzt ziemlich sauer. Weil er mit einem Gesamtjahresumsatz von 500.000 Euro für uns sehr wichtig ist, würde ich das Projekt gerne höher priorisieren, um ihn langfristig an uns zu binden. Sind Sie damit einverstanden?

2 Hallo Herr Bauer, in dem Projekt Falke gibt es gerade einige Unregelmäßigkeiten. Ich würde deswegen gerne eine außerplanmäßige Projektbesprechung einberufen, bei der ich Ihre Mitarbeiter Maier und Müller für jeweils 1,5 Stunden brauche. Ist das in Ordnung?

3 Guten Morgen Herr Bär, haben Sie zwei Minuten Zeit für mich? Wir haben im August ja Urlaubssperre. Wie Sie wissen, sind meine Kinder beide schon in der Schule und es ist mir sehr wichtig, mit ihnen zwei Wochen Urlaub am Stück zu machen. Ich bitte Sie deswegen, mir den Urlaub trotzdem zu gewähren. Ich biete Ihnen dafür an, davor und danach jeweils 10 Überstunden pro Woche zu machen und im Urlaub für dringende Fragen erreichbar zu sein. Ist das für Sie eine gute Lösung?

Praxistipp

Überfahren Sie Ihren Chef nicht, sondern erkundigen Sie sich erst, ob er gerade Zeit für Sie hat. Erweisen Sie ihm Respekt und erwecken Sie nie den Eindruck, seine Entscheidungsmacht anzugreifen.

Problematisieren und zur Entscheidung auffordern

Übung 30
3 min

Stellen Sie sich folgenden Fall vor: Sie sind Leiter/Leiterin der Software-Abteilung Ihrer Firma. Seit der Einführung des neuen Programms „Falke" treten vermehrt Fehler auf, die die Firma viel Zeit und Geld kosten. Die Mitarbeiter sind unzufrieden und verunsichert, obwohl sie bereits von Anbieter A geschult wurden. Sie halten nun eine erneute Schulung für wichtig und haben vorab schon ein wenig recherchiert. Es kommen in Frage: eine (Nach-)Schulung beim Anbieter A, eine teurere bei einem anderen Anbieter, und zwar entweder Inhouse, in einem offenen Seminar oder als Training-on-the-Job. Formulieren Sie eine Rede, die Ihren Chef, Herrn Kraft, dazu bringen soll, eine weitere Schulung zu genehmigen.

Lösungstipps

- Führungskräfte wollen einerseits in ihrer Funktion gewürdigt werden, sich andererseits aber selten in Problemdetails einarbeiten. Deswegen sind sie in der Regel dankbar, wenn sie auf Probleme aufmerksam gemacht werden und gleich Lösungsmöglichkeiten angeboten bekommen. Die Entscheidung beim Chef zu belassen, ist wiederum eine empfehlenswerte, da diplomatische Vorgehensweise.
- Arbeiten Sie z. B. mit der Problematisierungsformel: 1. Sie erläutern das Problem aus Ihrer Sicht. 2. Sie zeigen Alternativen auf, die Sie 3. bewerten. Im 4. Schritt fordern Sie Ihren Chef zur Entscheidung auf und bringen eventuell schon einen persönlichen Vorschlag ein.

Lösung

Hallo Herr Kraft, haben Sie einen Moment Zeit für mich? (Ja abwarten oder Termin absprechen.) Wie Sie wissen, haben wir vor drei Monaten die neue Software „Falke“ eingeführt. Es gab dazu im Vorfeld eine dreitägige Schulung und wir waren davon ausgegangen, dass alle Mitarbeiter damit ausreichend kompetent sind, um gut mit dem Programm zu arbeiten. Jetzt zeigt es sich aber, dass es in der täglichen Anwendung erhebliche Probleme gibt, die viel Zeit kosten und Ärger verursachen. Das kostet uns letztendlich richtig Geld.

Ich halte deswegen eine Nachschulung für dringend notwendig. Wir haben die Möglichkeiten, entweder den bisherigen Anbieter A zur Nachbesserung aufzufordern bzw. ihn um ein neues Angebot zu bitten, oder wir weichen auf einen anderen Anbieter aus. Infrage kommen entweder eine Inhouse-Schulung oder ein Seminar.

A zur Nachbesserung aufzufordern, wäre die billigste, aber wahrscheinlich am wenigsten Erfolg versprechende Variante. Ich halte es deswegen für sinnvoller, uns nach einem anderen Anbieter umzuschauen. Dabei wäre wiederum ein Inhouse-Seminar nur für unsere Mitarbeiter die günstigste Alternative. Oder wir entscheiden uns für ein „Training-on-the-Job“, was den Vorteil hat, dass wir keinen Arbeitzeitausfall auffangen müssten. Ich bitte Sie zu entscheiden, was Ihrer Meinung nach am besten ist!

Unfaire Angriffe souverän parieren

Persönliche Angriffe auf die Sachebene umlenken

Übung 31
3 min

Nach einer beleidigenden Äußerung bleiben wir oft sprachlos zurück, kontern aggressiv oder werden selbst persönlich. All dies bringt uns nicht weiter, wenn wir mit dem anderen ein lösungsorientiertes Gespräch führen müssen. Als Alternative schlage ich eine Variante des aktiven Zuhörens vor: Sie greifen den sachlichen Aspekt der Äußerung auf und thematisieren ihn. Werden Sie zum Beispiel nach einem Vorschlag angegriffen mit: „Sie haben doch von nichts eine Ahnung", reagieren Sie mit: „Aha, Sie sind also mit meinem Vorschlag nicht einverstanden."

Lenken Sie folgende Angriffe auf ähnliche Weise um:

1 Sie präsentieren eine Idee und erhalten als Reaktion: „Von Ihnen habe nichts anderes erwartet als so einen Quatsch."

2 Nach einem Vorschlag sagt ein Kollege: „Aus Ihrer Abteilung ist ja noch nie etwas Gescheites gekommen."

3 Nach einer Projektpräsentation hören Sie: „Sie sind doch noch nicht mal trocken hinter den Ohren."

4 Sie verweisen in einer Besprechung auf immer wiederkehrende Netzwerkprobleme. Der Administrator: „Frauen und Technik – das geht halt einfach nicht." / „Als Technikidiot haben Sie es ganz schön weit gebracht."

Lösung

Hier einige Vorschläge, sicher haben Sie andere gute Lösungen gefunden:

1 „Aha, meine Idee überzeugt Sie also noch nicht?"

2 „Sie sind also mit meinem Lösungsvorschlag nicht einverstanden?"

3 „Aha, das klingt so, als oben Ihnen das Projekt noch nicht ganz ausgereift erscheint."

4 „Sie glauben also, es gibt gar keine Netzwerkprobleme, sondern nur unfähige Benutzer?"

Praxistipps

- In jedem persönlichen Angriff steckt auch eine Aussage über den Gegenstand (das Hauptthema) des Gesprächs. Thematisieren Sie, um was es gerade wirklich geht!
- Stellen Sie den sachlichen Aspekt des Angriffs – und nur den – durch aktives Zuhören in das Zentrum des Gesprächs. Dazu geben Sie das wieder, was als Sachbotschaft bei Ihnen angekommen ist.
- Versuchen Sie Pauschalangriffe auf einen konkreten Aspekt zu reduzieren (siehe Lösung 3). Dann muss auch Ihr Gegner konkreter werden.

Wenn gar nichts mehr hilft – seien Sie frech!

Übung 32
4 min

Wir hatten es ja schon einige Male angesprochen: Wenn Ihr gegenüber auf wiederholte Versuche, konstruktiv und fair miteinander umzugehen, nicht eingeht, tun Sie gut daran, auch mal frech zu kontern – Sie können sich schließlich nicht dauernd auf die Füße treten lassen.

Wichtig ist bei der folgenden Übung: Versuchen Sie nicht unbedingt den originellsten aller Sätze zu finden, ungeheuer spritzig zu sein oder perfekt zu reagieren. Seien Sie einfach spielerisch frech und sagen Sie, was Ihnen gerade einfällt. Vielleicht nehmen Sie dazu innerlich auch eine etwas provokative Haltung ein: Stellen Sie sich vor, Sie stützen die Arme in die Hüften, recken das Kinn leicht nach oben, schieben eine Schulter nach vorn und schauen Ihrem Gegenüber fest in die Augen. Dann geht's los:

1 Sitzen Sie eigentlich immer so da?
2 Jetzt kommen Sie doch endlich mal auf den Punkt!
3 Das interessiert doch keinen!
4 Mit so einem Müll möchte ich auch mal mein Geld verdienen.
5 Schicken Sie mir doch bitte mal jemanden, der eine Ahnung hat!
6 Ich kann mir nicht vorstellen, dass das stimmt.

Lösung

Sind Sie kreativ geworden? Hier einige Vorschläge:

1. Ja, solange ich mich noch aufrecht halten kann bei all diesen Tiefschlägen.
2. Nichts lieber als das – sobald Sie mich ausreden lassen.
3. Interesse bedeutet „dabei sein", und bei der Sache sind Sie wohl eher nicht.
4. Neid ist ein schlechter Ratgeber. (Oder: Neid muss man sich hart erarbeiten.)
5. Auf Ahnungen sind wir hier nicht spezialisiert, da sollten Sie lieber einen Blick in die Glaskugel werfen.
6. Manchmal wirkt ein Blick Wunder, wenn das Vorstellungsvermögen versagt.

■ *Von Winston Churchill, der als besonders schlagfertig galt, wird folgende Geschichte überliefert: Eine erboste Zuhörerin rief dem Politiker bei einem Vortrag zu: „Wenn Sie mein Mann wären! Ihnen würde ich Gift in den Kaffee tun." Worauf dieser geantwortet hat: „Wissen Sie was: Wenn Sie meine Frau wären ... ich würde ihn trinken."* ■

Leiten Sie Druck um!

Die Judotechnik

Übung 33
5 min

Erinnern Sie sich an das körpersprachliche Experiment von Seite 15? Setzen Sie Ihre Erkenntnisse verbal um und trainieren Sie die „Judotechnik". Dazu reagieren Sie auf einen unfairen Angriff mit folgendem argumentativen Dreierschritt:

1 Sie nehmen den sachlichen Aspekt des Angriffs auf und verbalisieren ihn: „Einerseits ..."

2 Sie setzen dem ein eigenes Argument entgegen: „Andererseits ..."

3 Dann machen Sie einen (Gegen-)Vorschlag: „Daher ..."

Wenden Sie diese Technik nun an:

1 „Wenn Sie meinen Vorschlag nicht befolgen, kann das für Sie sehr negative Konsequenzen haben!" Sie wollen aber Ihren Vorschlag zu Gehör bringen und durchsetzen.

2 „Die anderen haben auch schon unterschrieben, also stellen Sie sich nicht so an!" Sie finden aber die Eingabe ungerechtfertigt und wollen daher nicht unterschreiben.

3 „Wenn Sie es nicht machen – es gibt genügend Leute, die sich nach Ihrem Arbeitsplatz die Finger lecken!" Sie finden aber, die Aufgabe, die man Ihnen hier aufbürden will, gehört nicht in Ihren Kompetenzbereich.

Lösung

Auch bei dieser Übung gibt es wieder viele individuelle Lösungen, zum Beispiel:

1 „Einerseits kann ich nachvollziehen, dass Sie Ihre Idee durchsetzen wollen. Andererseits gibt es für meinen Vorschlag aber gute Gründe, die Sie erst einmal anhören sollten. Danach können wir nach objektiven Kriterien entscheiden, welcher Vorschlag praktikabler ist."

2 „Einerseits leuchtet es mir ein, dass Sie gerne eine einstimmige Eingabe vorlegen würden, andererseits bin ich in dieser Angelegenheit grundsätzlich anderer Meinung. Deswegen bitte ich Sie zu respektieren, dass ich nicht unterschreiben werde."

3 „Einerseits weiß ich, wie dringend diese Aufgabe erledigt werden muss, andererseits fällt sie nicht in meinen Aufgabenbereich. Deswegen bitte ich Sie, sich jemand Geeigneteren für die Erledigung zu suchen."

■ *Druck stellt eine Gefahr dar. Und so reagieren wir instinktiv häufig mit Angriff, Flucht oder „Totstellen". All diese archaischen Muster sind im beruflichen Alltag wenig hilfreich. Es gilt also, diesen Instinkt auszutricksen. Vielleicht hilft Ihnen die Vorstellung einer durchlässigen Zielscheibe – lassen Sie die Bemerkung einfach durch sich durchgehen. Oder Sie zählen langsam bis drei, bevor Sie reagieren.* ■

Klären Sie auf der Meta-Ebene!

Übung 34
3 min

Statt inhaltlich zu reagieren, wenn Sie jemand unter Druck setzt, können Sie auch auf die Meta-Ebene des Gesprächs ausweichen. Dabei schauen Sie quasi von oben auf das, was gerade passiert. Ein Beispiel: Ihr Chef will, dass Sie noch mehr arbeiten. Sie bleiben hartnäckig, doch er legt nach: „Läge Ihnen unsere Firma wirklich am Herzen, würden Sie ohne zu murren Überstunden machen." Sie durchschauen den Trick: „Das klingt so, als ob Sie meine Loyalität der Firma gegenüber von dieser einen Situation abhängig machen. Ich bitte Sie, das von diesem Sachverhalt zu trennen."
Finden Sie in folgenden Situationen Entgegnungen auf der Meta-Ebene. Beginnen Sie zum Beispiel mit: „Auf mich wirkt das, als ob ..." / „Ich fühle mich ..." / „Das klingt so, als ob ..." / „Von außen betrachtet könnte man meinen ..."

1 Ein Freund erwartet eine Stellungnahme von Ihnen und fordert: „Von einem Freund erwarte ich, dass er mir auch in schwierigen Situationen den Rücken stärkt." Sie möchten aber in dieser Sache neutral bleiben.

2 Ein Kollege droht: „Im Hinblick auf Ihre Karriere rate ich Ihnen dringend, sich in dieser Angelegenheit zu engagieren." Sie aber wollen bei Ihrer Meinung bleiben und hier nicht mitmischen.

3 Eine Kollegin will den Druck, unter dem sie steht, an Sie weitergeben: „Sie können sich doch jetzt nicht aus dem Staub machen, wie soll ich das ohne Sie je schaffen?"

Lösung

Hier einige Vorschläge:

1. Für mich klingt das wie ein Erpressungsversuch. Gerade weil mir unsere Freundschaft wichtig ist, möchte ich neutral bleiben.
2. Ich fühle mich von Ihnen ganz schön unter Druck gesetzt. Ich bitte Sie, mir konkret zu sagen, welche Auswirkungen es haben kann, wenn ich in diesem Fall bei meiner Meinung bleibe.
3. Das wirkt auf mich, als sollte ich mich für Sie verantwortlich fühlen. Ich sehe mich aber an dieser Stelle nicht in der Pflicht, für Sie in die Bresche zu springen.

Praxistipp

Sie können folgende Meta-Ebenen thematisieren:

- **Ich-Ebene:** Sie sprechen hier vor allem an, welche Gefühle Sie haben (Aufgabe 2).
- **Prozess-Ebene:** Sie thematisieren, was gerade im Gespräch passiert (z. B. Erpressung, Aufgabe 1).
- **Wir- oder Kontaktebene:** Sie thematisieren, was die Äußerung über Ihre gemeinsame Beziehung aussagt (Aufgabe 3).

Sich als Frau durchsetzen

Frauenfeindliche Angriffe entwaffnen

Übung 35
4 min

Auch wenn Frauen laut Grundgesetz schon lange gleichberechtigt sind – Frauen, die sich durchsetzen, stoßen oft auf negative Klischees. Mit Aussagen wie „Mannsweib" oder „die hat Haare auf den Zähnen", selbst mit massiven persönlichen Angriffen müssen gerade erfolgreiche Frauen sich immer wieder auseinander setzen. Sie haben dabei grundsätzlich zwei Möglichkeiten zu reagieren: mit Charme und Souveränität oder mit einem Gegenangriff.

Versuchen Sie es bei folgenden Sprüchen mit Charme:

1 Junge Frau, Sie wirken etwas desorientiert.
2 Frauen und Technik ...
3 Lassen Sie da mal einen Mann ran!
4 Wenn Sie dazu mal die Meinung eines erfahrenen Mannes brauchen ...
5 Typisch Karrierefrau!
6 Sie sind hier nicht beim Kaffeekränzchen, sondern in der Vorstandssitzung!

Lösungstipp

Suchen Sie nach einer schlagfertigen Antwort, die immer noch so freundlich klingt, dass der andere sein Gesicht wahren kann.

Lösung

1 (Mit einem entwaffnenden Lächeln) Das muss an Ihnen liegen!

2 Ja, für viele Männer noch immer ein Buch mit sieben Siegeln.

3 Mit Vergnügen, wenn es dann schneller geht.

4 ... dann frage ich meinen Großvater, der hat wirklich sehr viel Erfahrung.

5 Zum Glück ist Karriere heute auch ein Frauenthema – Sie freuen sich bestimmt auch darüber!?

6 Gut, dass Sie das so offen ansprechen, ich war schon drauf und dran, Kuchen zu holen.

Praxistipp

Reagieren Sie auf frauenfeindliche Sprüche sprachlos, verwirrt oder emotional, werden Sie wahrscheinlich immer wieder zur Zielscheibe unfairer Attacken. Denn genau das will der Angreifer ja erreichen. Wenn Sie hingegen mit Charme kontern, laufen die Angriffe ins Leere – und Ihrem Gegenüber wird die Lust an frauenfeindlichen Äußerungen vergehen.

Kontern Sie schlagfertig!

Übung 36

4 min

Vielleicht ist Ihnen nicht immer danach, charmant zu sein. Oder Sie finden Ihr Gegenüber so unangenehm, dass Sie Freundlichkeit unangemessen finden. Dann sorgt ein gezielter Konter für den nötigen Respekt.

Denken Sie sich für folgende Situationen schlagkräftige Konter aus:

1 Dass Frauen immer zuerst sprechen und dann denken – umgekehrt wäre auch nicht blöd.

2 Sie sind vermutlich eine dieser Quotenfrauen!

3 Tja, Haushalt, Mann, Kind und Job überfordern Sie halt vielleicht doch ein wenig.

4 Jetzt zicken Sie hier doch nicht so rum – dass Frauen immer so emotional reagieren müssen.

5 Vielleicht sollten Sie sich doch aufs Shoppen konzentrieren, das können Sie sicher besser.

6 Nehmen Sie's doch mal ein bisschen locker!

Lösungstipp

Experimentieren Sie mit verschiedenen Schlagfertigkeitstechniken oder rhetorischen Stilmitteln, zum Beispiel mit Ironie, einer spontanen Zustimmung, einer Übertreibung, mit einem Gegenangriff oder einer Gegenfrage. Alles, was Ihnen ein wenig Luft verschafft, ist erlaubt!

Lösung

Hier Vorschläge mit verschiedenen Techniken:

1 **Übertreibung:** Wenn das stimmt, was Sie sagen, dann hat der liebe Gott uns mit einer Gabe ausgestattet, mit der sprechen ohne zu denken möglich ist. Die Wissenschaft wird auf Ihre Theorie neugierig sein.

2 **Konzentration auf einen sachlichen Aspekt:** Sie können froh sein, dass die Quote nicht noch höher ist, dann hätten Sie hier nicht mehr viel zu lachen.

3 **Gegenangriff:** Sie sollten nicht von sich auf andere schließen. Mich inspirieren die unterschiedlichen Herausforderungen.

4 **Bild aufgreifen und überlagern (Bumerang):** Das männliche Pendant von Zicken sind Böcke – derer schießen Sie hier einen nach dem anderen ab.

5 **Spontane Zustimmung plus Übertreibung:** Stimmt, im Shoppen bin ich wirklich Meisterin und damit fast so gut wie in meinem Job.

6 **Lächerlich machen:** Wenn ich Sie sehe, könnte ich mich wirklich entspannen – Ihre Angriffe sind tatsächlich eher lächerlich als sonst was.

■ *Wenn Sie überrumpelt werden, hilft es Ihnen, wenn Sie zwei bis drei Standardkonter auf Lager haben, z. B. „Sie sollten nicht von sich auf andere schließen." „Bei Nacht sind alle Katzen grau." „Wer im Glashaus sitzt, sollte nicht mit Steinen werfen."* ■

Beziehung oder Status?

Übung 37
5 min

Männer und Frauen setzen sich auf zwei grundsätzlich verschiedene Arten durch. Männern ist es stets wichtig, ihren Status, also ihre Macht, ihre Bedeutung und ihren Einfluss geltend zu machen. So treffen sie gerne Entscheidungen ohne vorherige Absprache, was mit ihrem Bedürfnis nach Autonomie und Selbstbestimmung (hoher Status) zu tun hat. Frauen setzen hingegen stärker auf Beziehung, Harmonie und Verständnis. Sie werden deswegen Entscheidungen, die auch andere Personen betreffen, eher vorher besprechen und abstimmen. Weder die eine noch die andere Art ist richtig oder falsch – es sind lediglich zwei unterschiedliche Wege, zum Ziel zu kommen.

Überlegen Sie sich für folgende Situationen jeweils eine status- und eine beziehungsorientierte Durchsetzungsstrategie:

1 Sie sind der Meinung, dass Sie dringend einen neuen Kühlschrank brauchen. Der alte setzt sehr schnell Eis an und vergeudet Energie.

2 Ein Handwerker, der seine Werkstatt bei Ihnen um die Ecke hat, war eine viertel Stunde bei Ihnen im Haus und stellt zusätzlich eine halbe Stunde Anfahrt in Rechnung.

3 Der Wein im Restaurant schmeckt korkig. Sie möchten einen anderen.

4 Ein neuer Kollege wird eingestellt. Ihr Chef möchte Kandidat Frisch, Sie hätten lieber die Kandidatin Fröhlich.

Lösung

Die Status-Variante ist mit „S", die Beziehungsvariante mit „B" gekennzeichnet.

1 **S:** Sie kaufen den neuen Kühlschrank.
B: Sie besprechen mit Ihrem Partner und der Familie, ob alle diese Investition sinnvoll finden.

2 **S:** Sie beschweren sich und verlangen, dass die Kosten für den Anfahrtsweg gestrichen werden.
B: Sie rufen an, fragen nach, wie es zu der Rechnung kommen konnte und welche Möglichkeiten es gibt, Ihnen entgegenzukommen.

3 **S:** Sie rufen den Kellner, stellen fest, dass der Wein nach Kork schmeckt und verlangen einen neuen.
B: Sie warten, bis der Kellner an den Tisch kommt, drücken dann aus, dass Sie nicht ganz sicher sind, aber der Kellner seinerseits doch bitte einmal versuchen solle, ob es sein kann, dass der Wein nach Kork schmeckt.

4 **S:** Sie erklären Ihrem Chef, warum Frau Fröhlich für diese Arbeit sehr viel besser qualifiziert ist, und legen ihm nahe, sich für sie zu entscheiden.
B: Sie äußern Verständnis für die Präferenz Ihres Chefs und erkennen die positiven Seiten von Frisch an. Allerdings, so argumentieren Sie, arbeiten Sie den ganzen Tag mit dem neuen Kollegen zusammen und finden Frau Fröhlich, die über die gleichen Qualifikationen verfügt, sympathischer. Sie bitten den Chef, seine Entscheidung noch einmal zu überdenken.

Ihr tägliches Trainingsprogramm

In diesem Kapitel üben Sie

- sich auf schwierige Gespräche richtig vorzubereiten,
- präsent aufzutreten,
- Ihre Ziele zu formulieren und hartnäckig verfolgen und
- sich selbst besser zu vermarkten.

Darum geht es in der Praxis

Zum Schluss trainieren Sie nützliche Verhaltensweisen, die Ihnen helfen, sich auf lange Sicht immer besser durchzusetzen. So ist es zum Beispiel einfach wichtig, Nein sagen zu können – und bei seinem Nein auch zu bleiben. Oder Klartext selbst dann zu sprechen, wenn Sie wissen, dass das bei den anderen nicht gut ankommt. Oder nicht sofort nachzugeben, nur weil Sie auf Widerstand oder Blockaden stoßen. Lernen Sie also, für Ihre Vorstellungen und Forderungen einzustehen und sie hartnäckig zu verfolgen. Wenn Sie gleichzeitig noch auf Feinheiten achten wie etwa Ihre körperliche Präsenz, werden Sie immer mehr Erfolg haben.

Viele der hier vorgestellten Übungen lassen sich ganz leicht in Ihren beruflichen oder privaten Alltag integrieren. Wichtig ist, dass Sie wirklich oft trainieren – bis Ihnen die entsprechende Verhaltensweise selbstverständlich erscheint. Erfolg ist nämlich auch eine Frage guter Angewohnheiten! Stellen sie sich also den Herausforderungen – den kleinen wie den großen. Wenn Sie sich dann durchgesetzt haben, werden Sie merken, wie Ihr Selbstvertrauen wächst. Je öfter Sie die Oberhand gewinnen, umso stärker werden Sie sich fühlen, umso mehr können Sie sich zutrauen – und umso näher kommen Sie Ihren Zielen und Visionen. Also: Gewöhnen Sie sich an Ihren Erfolg!

Bereiten Sie sich gut vor!

Werden Sie sich klar darüber, was Sie wollen!

Übung 38
3 min

Ganz abgesehen davon, dass Sie nach außen nur klar kommunizieren können, wenn Sie auch innen klar sind, können Sie auch nur Erfolg haben, wenn Sie vorher definieren, was Sie wollen. Das üben Sie jetzt. Versetzen Sie sich in die folgenden Situationen und definieren Sie für jede einen kurzen, knackigen Zwecksatz. Mit ihm klären Sie ganz grundlegend Ihr Motiv für das Gespräch.

1 Sie halten eine Präsentation vor einem Kunden, in dem Sie viel Potenzial sehen. Es ist das erste Treffen mit ihm.

2 Sie stellen bei Ihrem Chef den Stand des aktuellen Projekts vor, für das Sie dringend einen zeitlichen Aufschub brauchen.

3 Sie treffen eine wichtige Persönlichkeit und haben die Chance, ihr Ihre aktuelle Kollektion vorzustellen.

4 Sie haben ein Auto angefahren, das vor einer Einfahrt stand. Sie machen den Fahrzeughalter ausfindig.

Lösungstipp

Der Zweck des Gesprächs kann zum Beispiel sein, Ihr Gegenüber zu informieren, zu überzeugen, zu motivieren, für sich zu gewinnen oder für Ihr Produkt zu begeistern. Oder Sie möchten das Vertrauen des anderen gewinnen. Oder ihn dazu bringen, Ihr Vorhaben zu unterstützen usw.

Lösung

1 Ich überzeuge den Kunden von unserer Kompetenz, mache ihn neugierig auf unsere individuellen Lösungen und gewinne sein persönliches Vertrauen.

2 Ich überzeuge meinen Chef von der Notwendigkeit, mir für das Projekt Aufschub zu gewähren.

3 Ich begeistere die Person für meine Kollektion und bleibe ihr als interessante/r Geschäftspartner/in im Gedächtnis.

4 Ich möchte, dass der Fahrzeughalter seine Teilschuld eingesteht, weil er an dieser Stelle nicht hätte parken dürfen.

Praxistipp

- Bedenken Sie bei Ihrer Zweckformulierung neben dem inhaltlichen Aspekt auch persönliche Interessen wie Vertrauen, Integrität, Ansehen, Respekt ...
- Eine Gesprächsvorbereitung muss nicht immer langwierig oder schriftlich sein. Es genügt manchmal schon, sich vorher eine Minute Zeit zu nehmen, um sich die Frage zu stellen: Wofür führe ich dieses Gespräch? Was ist sein Zweck? Der nächste Schritt, nämlich die Zielformulierung, wird in der folgenden Übung trainiert.

▪ *Wie für die Schifffahrt gilt auch für Gespräche: Wer kein Ziel hat, für den ist jeder Hafen der richtige!* ▪

Ziele formulieren — Übung 39

5 min

Ihren Zwecksatz (Übung 38) können Sie nun so konkretisieren, dass ein echtes Ziel daraus wird. Dazu beachten Sie am besten die Kriterien der „SMART-Formel":

S = spezifisch: Formulieren Sie Ihr Ziel konkret und eindeutig!
M = messbar: Woran können Sie erkennen, dass Sie Ihr Ziel tatsächlich erreicht haben?
A = attraktiv: Ihr Ziel sollte Sie motivieren, sich wirklich dafür zu engagieren. Wichtig ist, dass Sie positiv formulieren!
R = realistisch: Ihr Ziel sollte Sie durchaus herausfordern. Die Wahrscheinlichkeit, dass Sie es durch hohes Engagement wirklich erreichen, sollte möglichst groß sein. Außerdem ist es wichtig, dass die Realisierung in Ihrer Macht liegt.
T = terminiert: Nehmen Sie sich einen konkreten Zeitpunkt vor, zu dem Sie das Ziel erreicht haben möchten. Dann können Sie es auch kontrollieren.

Formulieren Sie nun für die Fälle aus Übung 38 „smarte" Ziele.

Lösungstipp

„Eines Tages werde ich reich und berühmt sein" ist mehr Wunsch als Ziel. „Bis zum Jahr 2020 werde ich mir ein Vermögen von 500.000 Euro erarbeitet haben, ein Haus besitzen und in Firma X eine Position in der ersten Führungsebene innehaben" ist zwar ein herausforderndes, aber auch ein echtes Ziel.

Lösung

1 Ich werde dem Kunden X bei der Präsentation am 31.05. die Vorteile unserer Firma überzeugend präsentieren. Ich werde seine Anliegen und Bedürfnisse erfragen und erreichen, dass ich ihm ein konkretes Angebot unterbreiten kann.

2 Ich werde von meinem Chef bei dem Gespräch am 16.08. bezüglich des Projekts Y einen Aufschub um 4 Wochen (bis zum ...) bekommen.

3 Ich präsentiere Frau Z meine Kollektion, begeistere sie dafür und bekomme von ihr fünf Adressen, die ich bis Jahresende kontaktieren werde.

4 Ich mache den Fahrzeughalter des Fahrzeuges mit der Nummer X-UN-1111 ausfindig, erkläre ihm den Sachverhalt und die Rechtslage, weise ihn auf seine Teilschuld hin und unterbreite ihm ein Schriftstück, auf dem er diese anerkennt.

Praxistipp

Je konkreter und motivierender Ihr Ziel ist, desto höher ist die Wahrscheinlichkeit, dass Sie sich dafür engagieren – und sich damit auch durchsetzen. Je farbenprächtiger und realistischer Sie sich die Erreichung Ihres Zieles ausmalen, desto höher wird auch die Wahrscheinlichkeit, Erfolg zu haben. Außerdem brauchen Sie Ziele, um Ihren Erfolg kontrollieren zu können, was wiederum die Motivation fördert. Sie sehen: Ohne Ziele in Gespräche zu gehen, stellt Ihren Erfolg von vornherein in Frage.

Entwickeln Sie Alternativen! Übung 40

5 min

Andere Menschen haben andere Bedürfnisse und Interessen. Daher gibt es in manchen Verhandlungssituationen manchmal einfach keine gute und befriedigende Lösung – nicht in dem Moment, an dem Ort, mit diesem Partner und unter diesen Rahmenbedingungen. Auf diese Möglichkeit sollten Sie sich im Vorfeld vorbereiten und eine oder mehrere gute Alternativen zu Ihrem Ziel entwickeln.

Welche Alternativen zum angestrebten Ziel fallen Ihnen in den folgenden Situationen ein? Lassen Sie Ihrer Phantasie freien Lauf und notieren Sie Ihre beste oder auch mehrere Alternativen.

1 Sie wollen bei Ihrem Chef eine Gehaltserhöhung durchsetzen.
2 Sie wollen im Autohaus mindestens 10 % Rabatt heraushandeln.
3 Sie wollen bei Ihrem Hausarzt möglichst schnell einen Termin.
4 Sie wollen ein Kleidungsstück, das Sie gekauft haben und das Ihnen nun doch nicht gefällt, zurückgeben (kein Rechtsanspruch).
5 Sie wollen einen Mitarbeiter bitten, seinen Urlaub zu verschieben.

Lösung

Es gibt hier viele individuelle Lösungen, zum Beispiel:

1 Sie haben ein konkretes, womöglich besseres Angebot bei einer anderen Firma. In vergleichenden Marktstudien haben Sie Ihren Marktwert getestet – und der sagt Ihnen, Sie sind sehr begehrt!

2 Sie kennen den Preis Ihres Traumautos als Re-Import. Oder Sie haben bereits mit anderen Händlern verhandelt. Eventuell kommt auch eine andere Marke in Frage.

3 Sie haben diverse Empfehlungen von Freunden für einen guten Hausarzt. Sie ziehen alternative Heilmethoden in Betracht.

4 Sie kennen einen guten Secondhandladen, in dem Sie erfahrungsgemäß ganz gute Preise erzielen. Sie haben eine Freundin, der das Stück gefallen und passen könnte.

5 Sie fordern Unterstützung aus der Nachbarabteilung an. Sie weichen auf einen Ferienjobber aus. Sie bitten um terminlichen Aufschub.

Praxistipp

Gute Alternativen stärken Ihre Position. Je besser Ihre beste Alternative ist, umso entspannter werden Sie sein – und umso eher können Sie darauf verzichten, Druck auf Ihren Gesprächspartner auszuüben. Sie können somit souveräner in die Verhandlung gehen, Ihre Forderungen klar stellen und womöglich auch besser argumentieren.

Sprechen Sie Klartext!

Kommunizieren Sie Ihre Entscheidungen klar!

Übung 41
3 min

Manchmal signalisieren wir Gesprächsbereitschaft, wo wir gar nicht mehr verhandlungsbereit sind. Sie trainieren nun in einer Szenarioübung, klare Grenzen zu setzen und den Verhandlungsspielraum von vornherein einzugrenzen.

Stellen Sie sich vor, in Ihrer Firma gibt es eine Art Innovationsprämie. Im Rahmen eines Vorschlagswesens werden alle Ideen der Mitarbeiter honoriert: solche, die umgesetzt werden, mit bis zu 200 Euro, solche, die abgelehnt werden, mit 50 bis 100 Euro. Einer Ihrer Mitarbeiter, der häufig schwache Vorschläge einreicht, möchte offenbar mal wieder in den Genuss der Prämie kommen: Er meint, Pappbecher, in denen Klebstoff angerührt wird, könne man wiederverwerten, indem man sie reinigt. Ein Becher kostet 4 Cent pro Stück, Sie brauchen ca. 50 pro Tag. Weil man zur Reinigung auch Lösungsmittel benötigt und die Arbeitszeit wesentlich teurer ist als der Becher, erscheint Ihnen die Idee höchst uneffektiv, ja sogar unsinnig.

Schreiben Sie Ihrem Mitarbeiter nun eine E-Mail. Darin informieren Sie ihn, dass sein Vorschlag abgelehnt wird. Er bekommt lediglich 50 Euro. Gleichzeitig möchten Sie ihn aber motivieren, in Zukunft möglichst gute Vorschläge einzureichen. Und schließlich möchten Sie weiteren Diskussionen mit ihm vorbeugen.

Lösung

Ihre Mitteilung könnte zum Beispiel so klingen:

„Lieber Herr Kreativ, vielen Dank für Ihren Verbesserungsvorschlag. Wir haben ihn geprüft und durchgerechnet. Dabei kam heraus, dass es keine Kosten spart, die Becher wiederzuverwerten, da Arbeitszeit und das Lösungsmittel insgesamt teurer sind als die Kosten für den Becher. Ich veranlasse deswegen, dass Ihnen die 50 Euro überwiesen werden und hoffe weiterhin auf gute, umsetzbare Vorschläge, die zur Optimierung unserer Arbeitsprozesse beitragen. Damit sichergestellt ist, dass unser Vorschlagswesen nicht überstrapaziert wird, möchte ich Sie bitten, Ihren Vorschlägen in Zukunft eine grobe Kostenkalkulation beizufügen. Wollen Sie schon im Vorfeld eine Einschätzung haben, ob Ihre Idee realistisch ist, sprechen Sie mich gerne an. Freundliche Grüße …"

Praxistipps

- Will Ihr Gegenüber in so einem Fall diskutieren und Ihre Grenzen wieder aufweichen, lassen Sie sich nicht weiter auf Nebenbaustellen ein. Wiederholen Sie Ihre Entscheidung und das Ergebnis. Dabei können Sie in Ihren Formulierungen ruhig immer knapper werden.
- Werden Sie sich im Vorfeld eines Gesprächs klar darüber, ob Sie informieren, delegieren, diskutieren, verhandeln, den anderen motivieren oder überzeugen wollen. Richten Sie Ihre Gesprächsstrategie dann auf dieses Ziel aus.

Gehen Sie lösungsorientiert mit Einwänden um!

Übung 42
4 min

Bleiben wir noch ein wenig beim Fall aus Übung 41. Stellen Sie sich vor, der Mitarbeiter versucht nun mit unterschiedlichen Einwänden, aus Ihrer Information eine Verhandlung zu machen, um mehr Geld herauszuschlagen. Was erwidern Sie auf folgende Einwände? Bleiben Sie klar, ohne Ihr Gegenüber zu demotivieren!

1 Aber der Vorschlag ist doch gut, warum gibt's dafür keine 100 Euro?

2 Aber der Meister hat auch gesagt, dass der Vorschlag gut ist und ich ihn einreichen soll.

3 Der Kollege aus der Nachbarabteilung hat kürzlich für einen abgelehnten Vorschlag 100 Euro bekommen, warum der und ich nicht?

4 Immer werden meine Vorschläge abgelehnt! Die da oben machen sich ja nicht mal die Mühe zu prüfen, ob sie gut sind.

5 Aber das mit dem Umweltschutz ist doch wichtig. Immer schreien alle „Umweltschutz", und wenn man sich dann Gedanken macht, interessiert es keinen!

Lösungstipp

Achten Sie darauf, in Ihre Antwort keine Angebote für erneute Diskussionen einzubauen.

Lösung

1 Ich habe mich entschieden, Ihnen diesen Vorschlag mit 50 Euro zu honorieren. Bitte respektieren Sie das.

2 Wenn Sie das nächste Mal eine zusätzliche Meinung einholen wollen, ob es sich lohnt, den Vorschlag einzureichen, sprechen Sie mich an. Ich werde Ihnen dann meinen Standpunkt dazu erläutern und Sie entscheiden selbst, ob Sie den Vorschlag einreichen oder nicht.

3 Ich kenne die Zusammenhänge dort nicht und kann deswegen dazu nichts sagen.

4 Wir haben den Vorschlag geprüft und sind zu dem Ergebnis gekommen, dass wir keine Kosten sparen, wenn wir ihn umsetzen. Ziel unseres Vorschlagswesens ist es, Kosten zu sparen.

5 Umweltschutz ist uns ein sehr wichtiger Aspekt. Der Aufwand aber muss bei allem noch im Verhältnis zum Nutzen stehen. Das ist hier nicht der Fall.

Praxistipp

Vielleicht haben Sie bemerkt, dass die Versuchung groß ist, sich auf eine Diskussion einzulassen: „Ihre Idee ist doch keine 100 Euro wert", oder: „Der Meister hat doch keine Ahnung." Bei solchen Entgegnungen bieten Sie Ihrem Gegenüber nur Gelegenheit, erneut dagegenzuhalten. Abgesehen davon sollten Sie Äußerungen vermeiden, die den anderen oder unbeteiligte Dritte abwerten. Wiederholen Sie stattdessen lieber kurz und prägnant Ihre Entscheidung.

Respektvoll Nein sagen

Übung 43

4 min

Nein sagen ist wichtig, will man sich durchsetzen. Viele von uns kennen aber nur das knallharte, schroffe Nein, das sie natürlich scheuen. Sie können ein Nein jedoch auch sozial verträglich kommunizieren – indem Sie die Interessen und Bedürfnisse Ihres Gegenübers würdigen. So kommt Ihre Absage gepuffert an, ohne an Klarheit zu verlieren, und Sie vermeiden Folgekosten auf der Beziehungsebene.

Formulieren Sie in den folgenden Fällen in ein paar Sätzen Ihr Nein. Würdigen Sie dabei die Bedürfnisse des anderen:

1 Der Versicherungsmakler Herr Kaiser hat Ihnen ein Angebot für eine Lebensversicherung gemacht. Sie haben das Angebot studiert, verglichen und entschieden, es abzulehnen.

2 Ihre Chefin, Frau Müller, hat Sie gefragt, ob Sie bereit wären, Ihren Urlaub zu verschieben. Sie wollen das nicht.

3 Ein befreundetes Paar bittet Sie, einen Abend auf ihr Baby aufzupassen. Sie haben gerade sehr viel Arbeit und brauchen Ihre Abende zur Entspannung, zum Sport oder für sich selbst.

4 Herr Kück, einer Ihrer Mitarbeiter, beantragt einen Luxus-Schreibtischstuhl. Solche Modelle sind nur für Mitarbeiter mit attestierten Rückenschäden oder für Führungskräfte vorgesehen.

Lösung

1 Hallo Herr Kaiser, Sie hatten mir letzte Woche ein Angebot für eine Lebensversicherung geschickt. Ich habe das Angebot geprüft, verglichen und mit meinem Partner besprochen. Wir haben uns für einen anderen Weg entschieden. Ich danke Ihnen trotzdem recht herzlich für Ihre freundliche und kompetente Beratung.

2 Frau Müller, Sie hatten mich ja gefragt, ob ich meinen Urlaub verschieben könnte. Doch für meine Familie ist das sehr ungünstig. Insofern möchte ich meinen Urlaub gerne nehmen wie beantragt. Ich hoffe, das ist für Sie in Ordnung und nicht mit allzu viel Aufwand verbunden.

3 Ich kann verstehen, dass ihr auch gern mal wieder einen Abend für euch allein hättet. Grundsätzlich bin ich auch bereit, nur habe ich zurzeit so viel Arbeit, dass ich meine Abende wirklich zur Erholung brauche. Und wenn Babysitten auch immer sehr nett ist, ist es für mich doch eher anstrengend. Ich hoffe, ihr findet eine andere Lösung.

4 Herr Kück, Sie hatten den Schreibtischstuhl „Komfort" bestellt. Nach unseren internen Vereinbarungen kann ich Ihnen den nur genehmigen, wenn Sie ein Attest vom Arzt vorlegen. Wenn Sie das haben, unterschreibe ich Ihren Antrag gern. Ansonsten gibt es dafür keine Möglichkeit.

Der Umgang mit Menschen, die nicht Nein sagen können, ist oft schwierig. Entweder werden sie ausgenutzt, oder man bekommt ein schlechtes Gefühl, weil jede Bitte einem Befehl gleichkommt.

Formulieren Sie Ihren Standpunkt!

Übung 44
7 min

Ob in Besprechungen, bei persönlichen Gesprächen oder während einer Präsentation – Sie sollten immer in der Lage sein, Ihre Meinung kurz und prägnant zu formulieren. Dazu können Sie folgendes Schema, die Standpunktformel nutzen:

1 Standpunkt („Ich finde … / Meine Meinung dazu ist …“)
2 erstes Argument,
3 zweites Argument,
4 drittes Argument … (das Stärkste zum Schluss!),
5 Folge/Aktion („Deswegen schlage ich vor / fordere ich Sie auf …“)

Stellen Sie sich vor, Sie sollen zu folgenden Fragen Stellung beziehen. Formulieren Sie Ihren Standpunkt nach obigem Schema:

1 Soll in Ihrer Firma das Rauchen grundsätzlich verboten werden?
2 Soll die Firma Fahrgemeinschaften finanziell unterstützen?
3 Braucht Ihr Team eine zusätzliche Sekretärin?
4 Soll die Firma einen Kinderhort für die Kinder der Mitarbeiter einrichten?
5 Brauchen alle Mitarbeiter Zugang zum Internet?

Lösung

Hier gibt es keine richtigen oder falschen Lösungen – Hauptsache, Sie haben Ihren Standpunkt klar gemacht:

1 Ich bin dafür, das Rauchen in unserer Firma grundsätzlich zu verbieten, weil wir dadurch die Nichtraucher schützen, die Gesundheit aller Mitarbeiter fördern und zudem Zeit und Geld sparen. Deswegen stimme ich dafür.

2 Meiner Meinung nach sollte die Firma Fahrgemeinschaften finanziell unterstützen, weil sie damit einen Beitrag zum Umweltschutz leistet und sich teure Parkplätze spart. Ich schlage vor, pro gemeinsamer Fahrt 60 Cent statt der bisher üblichen 37 zu erstatten.

3 Ich finde, eine zusätzliche Sekretärin ist für unser Team unentbehrlich, weil unsere Assistenz wöchentlich über zehn Überstunden macht und durch die vielen Besprechungen oft telefonisch nicht erreichbar ist. Ich schlage deswegen vor, zusätzlich eine Teilzeitkraft einzustellen.

4 Wir brauchen unbedingt einen firmeneigenen Kinderhort, um unsere Mitarbeiter flexibler zu machen, sozial Zeichen zu setzen und die Chancengleichheit für Menschen mit Kindern zu erhöhen. Ich plädiere für die Einrichtung eines Hortes spätestens nächstes Jahr.

5 Es ist völlig unnötig, allen Mitarbeitern Zugang zum Internet zu ermöglichen, weil das Internet ein großer Zeitfresser ist, stark von der Arbeit ablenkt und die meisten Menschen zu Hause einen eigenen Anschluss haben. Deswegen bin ich dafür, den Antrag abzulehnen.

Bitten, erwarten, fordern

Übung 45
4 min

Für seine Rechte kann man sich mit unterschiedlichen „Härtegraden" einsetzen: Sie können um etwas bitten, ein bestimmtes Verhalten erwarten oder etwas verlangen bzw. rechtmäßig einfordern. Formulieren Sie in folgenden Situationen Ihren Wunsch möglichst angemessen:

1 Sie stehen an der Kasse einer Parfümerie. Drei Verkäuferinnen unterhalten sich. Keine macht Anstalten, an die Kasse zu kommen.

2 Ihre Vorgesetzte Frau König teilt Ihnen im Mitarbeitergespräch ohne konkrete Anhaltspunkte eine mittelmäßige Bewertung Ihrer Leistung mit. Sie bestehen auf Details.

3 Sie wissen, dass es in einem Projekt mit einem Zulieferer Probleme gibt. In einem Telefonat wollen Sie Herrn Rolle dazu veranlassen, Sie rechtzeitig zu informieren.

4 In einem Brief wollen Sie Ihren Vermieter dazu bringen, im Waschkeller ein Schloss einzubauen, damit Sie Ihr neues Mountainbike dort sicher verwahren können. Ihr Keller ist zu klein für das Fahrrad, Ihr altes wurde gestohlen.

Lösungstipp

Überlegen Sie: Wo liegen möglicherweise Ihre Rechte, wo Ihre Pflichten? Mit welcher Strategie kommen Sie wohl am weitesten? Gerade, wenn Sie kein Recht auf etwas haben, lohnt es sich manchmal, darum zu bitten.

Lösung

1 Sie können als Kunde mehr oder weniger strikt eine Bedienung verlangen, zunächst ist sicher eine freundliche Aufforderung am Platz: „Entschuldigen Sie, würde bitte eine von Ihnen zum Kassieren kommen?"

2 Sie können auch im Interesse Ihrer Vorgesetzten Details verlangen – aber möglichst diplomatisch: „Frau König, diese Beurteilung ist für mich ziemlich hart. Ich möchte wirklich daran arbeiten, im nächsten Jahr besser bewertet zu werden. Dafür brauche ich von Ihnen konkretere Hinweise, was ich optimieren kann."

3 Hier können Sie Kooperation erwarten: „Hallo Herr Rolle. Wie Sie sicher auch wissen, gab es schon einige Lieferprobleme. Um bei Verspätungen entsprechend reagieren zu können, erwarte ich von Ihnen, dass Sie mich demnächst rechtzeitig informieren. Können wir uns darauf einigen?"

4 Eine freundliche Bitte, unterfüttert mit einem guten Argument, ist ein erster guter Schritt: „Lieber Herr Reich, wie Sie wissen, ist mir voriges Jahr mein Fahrrad aus dem Keller geklaut worden. Damit mir das mit dem neuen nicht noch mal passiert, wäre ich Ihnen sehr dankbar, wenn Sie in dem Waschkeller ein Schloss anbringen könnten, da mein Keller zu klein ist für das Fahrrad.

■ *In der Praxis ist es oft angebracht, stufenweise vorzugehen. Wählen Sie also zuerst weichere Formulierungen, in dem Wissen, dass Sie, wenn Sie im Recht sind, den Druck auch steigern können.* ■

Power Talking

Übung 46

5 min

Verkleinerungen, Relativierungen, negative Formulierungen oder unbestimmte Aussagen nehmen unseren Argumenten die nötige Schlagkraft. Doch ist uns dies selten bewusst. Mit etwas Training gewöhnen Sie sich eine wirkungsvollere Sprache an! Formulieren Sie die folgenden Sätze in kraftvolle, aussagekräftige und selbstsichere Aussagen um:

1 Vielleicht könnte man ja mal daran denken, einen verbindlichen Ablaufplan zu erstellen.

2 Könnte man dem Kunden nicht mal ein bisschen entgegenkommen?

3 Ich fände es ganz nett, wenn Sie alle zuhören würden.

4 Ich bin irgendwie noch nicht so ganz überzeugt.

5 Man müsste unbedingt mal die Lagerhalle putzen.

6 Ich würde vorschlagen, dass wir noch in dieser Sitzung abstimmen, wie es weitergehen könnte.

7 Vielleicht wäre es ja sinnvoll, wenn wir uns darauf einigen, was wir von unserem Chef wollen.

8 Es wäre wirklich toll, wenn das ein bisschen schneller gehen würde.

9 Wenn Sie sich der Sache vielleicht mal annehmen würden, da wäre ich Ihnen sehr dankbar.

10 Wir haben da so ein Treffen, nichts Besonderes. Vielleicht kommst du ja mal mit ...

Lösung

1 Ich schlage vor einen verbindlichen Ablaufplan zu erstellen.

2 Ich finde es wichtig, dass wir dem Kunden an dieser Stelle entgegenkommen.

3 Ich bitte Sie, Herrn X genau zuzuhören. Wir brauchen diese Informationen dringend.

4 Ihr Vorschlag überzeugt mich in unterschiedlichen Punkten noch nicht, nämlich ...

5 Bis heute Abend ist die Lagerhalle gefegt und gewischt. Wer macht es?

6 Ich halte es für dringend notwendig, dass wir uns noch in dieser Sitzung einigen, wie wir weiter vorgehen.

7 Wir müssen geschlossen auftreten. Auf welche Forderungen können wir uns einigen?

8 Ich erwarte von Ihnen, dass Sie das bis ... erledigt haben.

9 Bitte nehmen Sie sich der Sache an. ... Vielen Dank.

10 Ich lade dich ein zu unserem Treffen am ... Kommst du?

Praxistipp

Ihre Sprache wirkt kraftvoller, wenn Sie Verkleinerungen, den Konjunktiv und Lückenfüller vermeiden. Also: Lassen Sie „kurz", „ein wenig", „etwas", „vielleicht" weg, ersetzen Sie den Konjunktiv durch den Indikativ („ich werde" statt „ich würde" usw.) und nutzen Sie Verstärkungen wie „besonders wichtig".

Mit persönlicher Präsenz überzeugen

Körpersprachlich Präsenz zeigen

Übung 47
5 min

Wenn man sich durchsetzen will, ist es wichtig, präsent zu sein – selbst, wenn Sie gerade nichts sagen. Präsenz bedeutet dabei mehr als nur körperlich anwesend zu sein. Bei guten Schauspielern spricht man von „Bühnenpräsenz" – sie müssen gar nicht viel sagen, trotzdem ist die Aufmerksamkeit aller bei ihnen.

Erinnern Sie sich an Situationen, in denen Personen nicht präsent waren – zum Beispiel an ein Gespräch, wo Ihr Gegenüber nicht bei Ihnen war, oder an ein unaufmerksames Publikum? An einen Redner, der nicht zu fesseln vermochte? Wie verhält sich jemand mit wenig Präsenz und wie wirkt das auf Sie? Denken Sie dann an jemanden, den Sie für sehr präsent halten. Wie verhält sich diese Person?

Reflektieren Sie nun, wie es um Ihre Präsenz bestellt ist. Stellen Sie dazu eine Liste mit Verhaltensweisen oder Merkmalen zusammen, die Präsenz rein auf der nichtsprachlichen Ebene ausdrücken. Unterstreichen Sie diejenigen Aspekte, an denen Sie nach eigener Einschätzung arbeiten können, um künftig noch mehr wahrgenommen zu werden. Denken Sie zum Beispiel an Aspekte wie Gesten, die Sitzposition (in Besprechungen), Blickkontakt usw.

Lösung

Möglichkeiten, nonverbal Präsenz zu signalisieren sind zum Beispiel:

- häufiger Blickkontakt mit seinem Gegenüber
- aktives Zuhören wie Nicken
- eine aufrechte Haltung, im Sitzen wie im Stehen
- Signale der ungeteilten Aufmerksamkeit (etwa bei Vorträgen nichts anderes nebenbei tun, Handy ausschalten, Laptop geschlossen lassen, Notizen machen usw.)
- Lächeln
- Hände auf dem Tisch oder sichtbar, Oberkörper dem Gegenüber zugewandt
- sich zeigen (gute Sitz- oder Standposition einnehmen, in Besprechungen z. B. am Kopfende, sich hinter nichts/niemandem verstecken)
- In Vortragssituationen gilt: Halten Sie die Hände über der Gürtellinie – nur dort wird Gestik als unterstützend wahrgenommen. Unter der Gürtellinie wirkt Gestik eher als Fuchteln. Zeigen Sie auf wichtige Punkte und halten Sie beim Sprechen unbedingt Blickkontakt!

Verbale Präsenz – Diskussionsbeitrag I

Übung 48
6 min

Gewöhnen Sie sich an, in Gesprächsrunden Ihre Redebeiträge knapp und strukturiert vorzubringen. Zum Beispiel nach der Drei-Satz-Methode: Beschreibung der Lage/Situation, Formulierung Ihres Ziels, Vorschlag/Festlegen einer Maßnahme.

Üben Sie diese Struktur, indem Sie für folgende Situationen Ihre Argumente auf den Punkt bringen:

1. In einer Besprechung über mögliche Präventivmaßnahmen zur Gesundheitsvorsorge möchten Sie sich für die Einführung von Kursen zur Rückenschule einsetzen.
2. Besprechungen in Ihrem Team gehen in letzter Zeit drunter und drüber. Sie wollen gemeinsame Spielregeln einführen.
3. In letzter Zeit häufen sich die Klagen Ihrer Kunden, die Kollegen in Ihrem Team seien oft unhöflich. Sie wollen deswegen ein Teamcoaching vorschlagen.
4. In Ihrer WG/Familie fühlt sich niemand für das Spülen zuständig. Sie möchten das ändern.

Lösungstipp

Formulieren Sie sowohl die aktuelle Situation als auch das Ziel und Ihre Maßnahme möglichst konkret!

Lösung

1 20 Prozent aller Mitarbeiter leiden unter Rückenschmerzen. Unser Ziel muss es sein, unsere Belegschaft langfristig arbeitsfähig zu halten. Deswegen schlage ich vor, Kurse zur Rückenschule bei uns im Haus anzubieten.

2 Wie Sie bestimmt bemerkt haben, sind unsere Besprechungen in letzter Zeit oft unstrukturiert und wenig lösungsorientiert. Das Ziel ist, die Besprechungen möglichst effektiv zu gestalten, um Zeit und Geld zu sparen. Ich schlage deswegen vor, dass wir uns auf Spielregeln für unsere Meetings einigen.

3 Liebe Kollegen, inzwischen hat auch der Chef mitbekommen, dass sich die Beschwerden unserer Kunden häufen, wir seien oft unhöflich. Ich finde auch, dass die Stimmung hier in letzter Zeit sehr gereizt ist. Ich wünsche mir, dass wir hier alle wieder Spaß bei der Arbeit haben. Deswegen finde ich ein Teamcoaching eine gute Sache.

4 Wir hatten ja vereinbart, dass jeder sein Geschirr selbst spült. Irgendwie klappt das nicht und es sieht seit Wochen wieder furchtbar aus in der Küche. Ich möchte es hier wirklich wohnlich und aufgeräumt haben. Deswegen schlage ich vor, dass wir einen Wochenplan einführen, in dem jeweils einer eine Woche lang für die Ordnung in der Küche verantwortlich ist.

■ *Logisches Argumentieren können Sie auch trocken üben: an der roten Ampel oder an der Supermarktkasse, im Zugabteil, beim Zeitung lesen …* ■

Diskussionsbeitrag II

Übung 49

6 min

Wenn Sie sich etwas ausführlicher zu Wort melden wollen, eignet sich als Argumentationsmuster die 5-Satz-Methode:

1 Einstieg (persönlicher Bezug, Anlass ...)

2 Wie ist es? / Situationsbeschreibung

3 Was soll sein? / Zielformulierung

4 Wie kommen wir dahin? / Maßnahmenkatalog

5 Das will ich von euch! / Aufforderung

Dieses Schema trainieren Sie nun. Stellen Sie sich folgende Situationen vor und formulieren Sie (mündlich oder schriftlich) einen Diskussionsbeitrag:

1 Sie sind Mitglied im Gemeinderat und wollen sich für einen neuen Kinderspielplatz in Ihrem Wohngebiet engagieren. Sie haben selbst zwei Kinder.

2 Sie sind in Ihrem Projekt für das Budget verantwortlich. Kollege Franck schlägt vor, einen neuen Drucker zu kaufen, der jedoch sehr teuer ist. Sie sind der Meinung, dass das in Anbetracht der zu bedruckenden Medien nicht notwendig ist.

3 Sie diskutieren im Kollegenkreis, was Sie einem Kollegen, der heiratet, schenken. Die meisten wollen Geld sammeln. Sie finden das zu unpersönlich und plädieren für einen Luxus-Sonnenschirm, weil Sie wissen, dass der Bräutigam sich einen für die Terrasse wünscht.

Lösung

1 Wie Sie wissen, wohne ich selbst im Wohngebiet Wasserturm und habe zwei kleine Kinder. Im Moment ist die Situation dort sehr schwierig. Die meisten Eltern müssen ihre Kinder ins Auto packen, um zu einem Spielplatz zu kommen. Unser Ziel muss es sein, alle Wohngebiete in der Stadt auch und gerade für Familien mit Kindern attraktiv zu machen. Spielplätze sind dafür eine Grundvoraussetzung. Deswegen fordere ich Sie auf, für den Bau des Spielplatzes zu stimmen.

2 Ich bin in diesem Projekt verantwortlich für das Budget und prüfe deswegen genau, welche Hardware wir brauchen. Der Kollege Franck hat vorgeschlagen, den Drucker „Perfekt" anzuschaffen. Unser Ziel ist ja, das Projekt möglichst kostensparend abzuschließen. Ich habe ausgerechnet, dass sich das für unser Projekt nicht rentiert. Um trotzdem bestmögliche Ergebnisse zu erzielen schlage ich vor zu prüfen, ob wir für die wichtigen Materialen den Drucker aus der Nachbarabteilung nutzen können.

3 Der Kollege Glücklich heiratet ja nächsten Monat. Viele von euch würden als Geschenk gerne Geld überreichen. Wie ihr wisst, habe ich selbst erst kürzlich geheiratet, und mir ging es so, dass Geschenke viel mehr Freude bereiten. Außerdem weiß ich, dass Glücklich sich einen Sonnenschirm wünscht. Ich schlage deswegen vor, ihm den zu schenken und biete mich auch an, ihn zu besorgen.

Hartnäckig in jeder Situation

Vor dem Chef nicht einknicken

Übung 50
5 min

Gegenüber dem eigenen Vorgesetzten etwas durchzusetzen, ist nicht einfach – die Druckmittel sind beschränkt und mit drastischen Maßnahmen wie Arbeitsverweigerung schadet man nur sich selbst. Reiner Befehlsempfänger aber sind Sie auch nicht. Wie also können Sie hartnäckig bleiben, ohne den Status Ihres Vorgesetzten zu verletzen? Versetzen Sie sich in die zwei folgenden Situationen und notieren Sie, welche Maßnahmen Sie ergreifen würden.

1 Sie haben Ihren Chef gebeten, Ihnen zu einer Präsentation Feedback zu geben. Nach zwei Wochen haben Sie immer noch keine Rückmeldung.

2 Sie haben eine neue Führungsposition angetreten. Seit neun Monaten sind Sie schon in Amt und Würden, allein der Vertrag und damit auch das Geld bleiben aus. Also haben Sie schon mehrmals beim Geschäftsführer nachgehakt – erfolglos! Langsam verlieren Sie die Geduld.

Lösungstipps

Diplomatie oder Druck? Bei Aufgabe 1 haben Sie wohl kaum ein Druckmittel zur Verfügung. Hier hilft Ihnen am ehesten eine schlüssige Nutzenargumentation: Was hat Ihr Chef davon, Ihnen Feedback zu geben? Im zweiten Fall haben Sie womöglich echte Sanktionsmittel zur Verfügung.

Lösung

1 Fragen Sie den Chef, wann er Ihnen das Feedback geben möchte. Erklären Sie ihm, warum dies für Sie wichtig ist – und was er davon hat (Ihre Motivation steigt, Sie arbeiten an Ihren Schwächen usw.). Ansonsten überlegen Sie sich eine Alternative (Übung 40, S. 95): Klappt es dieses Mal nicht, vereinbaren Sie eine andere Präsentation, bei der Sie schon im Vorfeld auf die Punkte hinweisen, zu denen Sie Feedback haben wollen. Erinnern Sie Ihren Chef vorher an den Termin!

2 Wenn Sie nur alle vier Wochen freundlich fragen, wie es mit dem Vertrag aussieht, machen Sie es Ihrem Gegenüber sehr leicht, Ihnen zu entwischen. Seien Sie also hartnäckig: Steigern Sie die Frequenz Ihrer Nachfragen, bitten Sie um verbindliche Termine, lassen Sie sich diese schriftlich bestätigen. In dieser Position können Sie durchaus Druckmittel einsetzen: Arbeiten Sie einen Vertragsentwurf aus und legen Sie diesen zur Unterschrift vor. Passiert dann immer noch nichts, setzen Sie sich innerlich eine Deadline: Bis wann sind Sie bereit zu warten? Welche Konsequenzen sind Sie dann bereit zu ziehen? Leiten Sie dann erste Schritte ein (z. B. Androhen der Kündigung, Bewerbung in anderer Firma).

■ *Kinder können besonders hartnäckig sein. Zwanzig Mal fragen sie nach einem Eis. Nicht, dass ich Sie zum Quengeln motivieren möchte – aber ein Quäntchen dieser Hartnäckigkeit tut unserem Durchsetzungsvermögen durchaus gut.* ■

Eskalieren Sie!

Übung 51
5 min

In Übung 27 (S. 67) ging es bereits um das Thema: Sie sind auf die Zusammenarbeit mit einem Kollegen angewiesen, die dieser verweigert. Welche Maßnahmen würden Sie in folgenden Fällen ergreifen?

1. Sie wollen mit einem Kollegen verbindliche Absprachen zur Aufgabenverteilung treffen. Er hat immer wieder neue Ausflüchte: „Keine Zeit", „wichtiges Projekt", „keine Nerven".
2. Sie wollen von einem internen Projektpartner einen regelmäßigen Statusbericht haben. Dieser ziert sich.
3. Ihr Partner hat zugesagt, sich um den Wasserhahn zu kümmern. Seit drei Wochen tropft er jetzt.
4. Sie sollen sich mit Herrn Rank, einem Zulieferer Ihres Hauptkunden Asmus, absprechen. Rank ist seit Tagen nicht erreichbar.

Lösungstipp

Wenn Sie auf dem „kleinen Dienstweg", also mit einer persönlichen Aussprache nicht weiter kommen, überlegen Sie, wo die Entscheidungsmacht tatsächlich liegt, und wagen Sie es, sich an diese Stelle(n) zu wenden. Dieses Vorgehen nennt man „eskalieren". Es hat nichts mit Petzen zu tun – sondern ist einfach die letzte Maßnahme, die Sie ergreifen können, um einen effektiven Gang Ihrer Geschäfte zu gewährleisten.

Lösung

Hier einige Vorschläge – vielleicht haben Sie auch andere Möglichkeiten gefunden.

1 Erklären Sie dem Kollegen das Ziel Ihrer Absprache. Schlagen Sie ihm einen Termin oder mehrere Alternativen vor. Führen diese Maßnahmen nicht zum Erfolg, bitten Sie ihn um einen Vorschlag. Haken Sie in immer kürzer werdenden Abständen nach. Scheuen Sie nach wiederholter Vermeidung eines Treffens mit Ihnen nicht die Eskalation!

2 Setzen Sie dem Projektpartner verbindliche Termine für den Statusbericht. Liegt der Bericht am festgelegten Tag nicht vor, haken Sie sofort nach. Sie können ihn auch zwei bis drei Tage vorher an den bevorstehenden Termin erinnern. Scheuen Sie sich bei wiederholter Verweigerung nicht, den Fall zu eskalieren.

3 Hier ist es wichtig, dass Sie nicht anfangen zu quengeln oder zu nörgeln. Erklären Sie Ihrem Partner, warum Ihnen die Reparatur wichtig ist. Fragen Sie ihn, wann er Zeit hat, sie durchzuführen. Oder bieten Sie ihm als Alternative an, einen Klempner zu holen.

4 Hinterlassen Sie auf unterschiedlichen Wegen die Nachricht, dass Herr Rank Sie dringend zurückrufen möge. Dokumentieren Sie diese Nachrichten. Informieren Sie dann möglichst bald Herrn Asmus und stimmen Sie mit ihm gemeinsam das weitere Vorgehen ab.

Effektiv anweisen und delegieren

Übung 52
5 min

Wo Sie weisungsbefugt sind oder über Sanktionsmittel verfügen, müssten Sie sich eigentlich leicht durchsetzen können – oder? Welche Maßnahmen erscheinen Ihnen geeignet, um sich gegen folgende Blockaden zu wehren?

1. Einer Ihrer Mitarbeiter kommt regelmäßig um 9.30, obwohl die Kernarbeitszeit um 9.00 Uhr beginnt. Das können und wollen Sie schon im Hinblick auf alle anderen Mitarbeiter nicht weiter akzeptieren – auch wenn der Zuspätkommer fachlich hoch qualifiziert ist.
2. Sie haben als Vertrauenslehrer an einer Berufsschule in Abstimmung mit der Schulleitung und der Schülermitverwaltung eine Aktion organisiert: Am letzten Schultag soll jeder Schüler vier Stunden eine soziale Arbeit verrichten, für die er 20 Euro bekommt. Das Geld wird an eine Schule in Afrika gespendet. Einzelne Schüler haben keine Lust auf die Aktion, erfinden Ausreden oder diskutieren mit Ihnen den Sinn dieser Arbeit.
3. Sie haben Ihre Kinder gebeten, einmal pro Woche einkaufen zu gehen. Nachdem dies zwei Wochen geklappt hat, lässt die Disziplin merklich nach.

Lösungstipp

Achten Sie auch bei Personen, die unter Ihnen stehen, darauf, keine unfairen Methoden anzuwenden. Rechtliche Rahmenbedingungen allerdings (z. B. des Arbeitsrechts) sollten Ihrer Phantasie Grenzen setzen!

Lösung

1 Bitten Sie den Mitarbeiter zu einem Gespräch. Teilen Sie ihm mit, dass Sie von nun an nicht mehr bereit sind, sein Verhalten zu dulden. Halten Sie dies in einer Zielvereinbarung fest. Erläutern Sie ihm die Konsequenzen, die künftiges Fehlverhalten haben wird (Abmahnung usw.). Signalisieren Sie glaubhaft, dass Sie bereit sind, bis zur Kündigung zu gehen. (Ahnt der Mitarbeiter, dass Sie ihm deswegen nie kündigen würden, stehen Ihre Chancen allerdings schlecht. Nehmen Sie dann lieber Abstand von Ihrem Konzept der Kernarbeitszeit.)

2 Zwingen können Sie die Schüler wahrscheinlich rein rechtlich nicht. Erklären Sie daher allen noch einmal den Nutzen der Abmachung. Oder verzichten Sie auf weitere Diskussionen und zeigen Sie auf, welche Konsequenzen eine Verweigerung nach sich zieht (Verweigerer schließen sich aus der Gruppe aus, es kommt weniger Geld zusammen, wer nicht mitmacht, muss in eine andere Klasse gehen oder einen Aufsatz schreiben). Die Konsequenzen sollten dann aber auch eintreten!

3 Erinnern Sie Ihre Kinder an die Vereinbarung und machen Sie ihnen klar, wie ernst es Ihnen damit ist. Vereinbaren Sie konkrete Tage. Kündigen Sie ansonsten Konsequenzen an – aber solche, die glaubhaft erscheinen.

Erfolge feiern – Selbstvertrauen gewinnen

Würdigen und feiern Sie Ihre Erfolge!

Übung 53
2 min

In unserer Kultur werden Erfolge oft als selbstverständlich betrachtet, Misserfolge hingegen überbewertet. Wenn Sie 98 % Ihrer Arbeit sehr gut machen und 2 % schief gehen – worauf liegt der Fokus im Umgang mit Chef, Mitarbeitern und Kollegen? Dieser eher problemorientierte Ansatz ist auf Dauer wenig motivierend, um nicht zu sagen äußerst demotivierend. Ihr Selbstwertgefühl und Selbstbewusstsein werden dadurch bestimmt nicht gestärkt.

Da Sie auf das Anerkennungsverhalten Ihres Umfelds kurzfristig aber keinen direkten Einfluss haben, ist es am besten, wenn Sie sich selbst immer wieder Gedanken machen, wie Sie sich für kleine und große Erfolge belohnen können.

Stellen Sie jetzt eine Liste mit Möglichkeiten zusammen, wie Sie sich in Zukunft belohnen können.

Lösungstipp

Denken Sie nicht nur an Konsum, sondern an alles, was Ihr Wohlbefinden steigert und Ihren Energiehaushalt aufpäppelt.

Lösung

Schöne Belohnungen sind zum Beispiel:

- Sie machen ausnahmsweise pünktlich Feierabend und gönnen sich einen schönen Spaziergang.
- Sie nehmen sich einen Babysitter und laden Ihren Liebsten/Ihre Liebste zum Essen ein.
- Sie kaufen sich eine Uhr, um die Sie schon lange herumschleichen, die Ihnen aber immer etwas zu teuer war.
- Sie lassen einen Abend allen Sozialstress außen vor, stecken das Telefon aus, lassen sich eine Wanne einlaufen und verziehen sich bei Kerzenschein ins Bad.
- Normalerweise sind Sie auf Diät? Macht nichts: Feiern Sie ein realisiertes Ziel, indem Sie die besten Pralinen kaufen, die Sie finden, und verspeisen Sie sie ganz genüsslich!
- Sie haben sich bei einer Präsentation gegen die Konkurrenz durchgesetzt? Gratulation! Laden Sie alle, die an dem Erfolg mitgewirkt haben, auf einen kleinen Umtrunk ein!
- Große Erfolge verdienen große Belohnungen: Ein Wochenende auf der Wellness-Farm mit der besten Freundin, ein einsamer Angelurlaub, eine besonders teure Flasche Wein, eine große Party mit allen Freunden ...

Praxistipp

Manchmal ist es schon ein Erfolg, etwas gewagt zu haben, was Sie noch nie gewagt hatten! Belohnen Sie sich dafür!

Keine Angst vor Eigenlob

Übung 54
5 min

Irgendjemand hat es uns in unserer Kindheit eingebläut: Eigenlob stinkt. Fakt jedoch ist, dass unser Selbstmarketing entscheidend dazu beiträgt, wie man uns wahrnimmt, was man uns zutraut und damit auch, wie gut wir uns durchsetzen. Finden Sie einen Weg, eigene Erfolge zu kommunizieren, zum Beispiel in folgenden Situationen:

1. Sie haben für den Kunden Knifflig eine individuelle Lösung entwickelt, mit der dieser höchst zufrieden ist. Damit ist er noch fester an die Firma gebunden. Wie holen Sie sich Anerkennung beim Chef ab?
2. Sie haben bei einem Vortrag auch die kritischen Geister für sich gewinnen können. Viele sind danach auf Sie zugekommen und haben ihre Begeisterung ausgedrückt. Berichten Sie dem Geschäftsführer, Herrn Mächtig.
3. Sie haben einen Lieferanten, der für seine Verzögerungstaktik bekannt ist, auf einen anstehenden Termin festgenagelt. Das erspart Ihrer Firma eine Vertragsstrafe. Die Einkaufsleiterin Frau Speer sollte das wissen.
4. Sie haben beim Möbelkauf einen Rabatt in Höhe von 15 % herausgehandelt, was Sie viel Überwindung gekostet hat. Sagen Sie es Ihrem Partner/Ihrer Partnerin.
5. Als ein Projektleiter zum wiederholten Mal Ressourcen aus Ihrer Abteilung abziehen wollte, haben Sie klar „Nein" gesagt und damit ein eigenes Projekt gerettet. Berichten Sie Ihrem Chef davon.

Lösung

Einige Vorschläge, wie Sie Ihren Erfolg verkaufen können:

1 Hallo Chef, wie Sie wissen, war ich gestern beim Kunden Knifflig. Ich habe ihm eine maßgeschneiderte Lösung erarbeitet. Er war damit sehr zufrieden und hat angekündigt, auch in Zukunft wieder auf uns zuzukommen.

2 Ach hallo, Herr Mächtig, weil ich Sie gerade sehe: Ich hab doch gestern den Vortrag vor den Mitgliedern der Bäuerle AG gehalten. Im Vorfeld wurde mir angekündigt, dass die Teilnehmer unserem Produkt sehr kritisch gegenüber stünden. Es kamen auch sehr skeptische Zwischenfragen. Darauf war ich natürlich schon vorbereitet – und so blieb kein Einwand stehen. Von den meisten Zuhörern hab ich ein sehr positives Feedback bekommen.

3 Frau Speer, wir hatten uns ja kürzlich über den Lieferanten unterhalten, der regelmäßig zu spät liefert. Ich habe mich jetzt dahinter geklemmt und ihn zu der verbindlichen Zusage bewegt, in Zukunft pünktlich zu liefern. Dadurch sparen wir uns die drohende Vertragsstrafe.

4 Du weißt doch, dass ich immer so Skrupel habe, zu verhandeln. Heute habe ich aber all meinen Mut zusammengenommen und für unser neues Sofa 15 % herausgehandelt. Das sind fast 300 Euro – ist das nicht großartig?

5 Hallo Chef, weil ich Sie gerade treffe: Herr Eilig wollte heute mal wieder drei Mitarbeiter von uns abziehen. Ich habe das ganz klar abgelehnt. Unser Projekt geht doch vor, oder?

Stichwortverzeichnis

Die Autorin

Carmen Kauffmann,

Magister Artium der Rhetorik und Kulturwissenschaft, arbeitet seit über zehn Jahren selbstständig als systemische Beraterin und Coach sowie als Trainerin von Mitarbeitern, Führungskräften und Teams. Sie bietet Seminare zu den Themen Kommunikation (Rhetorik, Präsentation, Moderation), soziale Kompetenz, Konfliktmanagement und Führung an. Zu den Kunden ihres Instituts „Coaching und Kommunikation" gehören zahlreiche namhafte Unternehmen.

Kontakt: www.carmen-kauffmann.de

Die Haufe-Akademie

bietet Seminare zu den Themen Kommunikation und Führung an. Mehr Informationen erhalten Sie unter www.haufe-akademie.de.

Systemvoraussetzungen für die CD-ROM

PC mit Pentium Prozessor, mind. 133 MHz; 64 MB Arbeitsspeicher; mind. 100 MB Festplattenspeicher; CD-ROM-Laufwerk; Betriebssystem Windows 95/98/2000/NT/XP

So installieren Sie die CD-ROM:

- Legen Sie die CD-ROM in das Laufwerk Ihres PCs.
- Wählen Sie über das START-Menü den Punkt „Ausführen".
- Geben Sie im „X:/setup" ein (wobei X der Buchstabe Ihres CD-ROM-Laufwerks ist) und bestätigen Sie mit der Eingabetaste.
- Die Installation wird gestartet. Folgen Sie einfach der Anleitung des Programms.